L'ORACLE DES FAMILIERS DES SORCIÈRES

DES MÊMES AUTEURES, CHEZ LE MÊME ÉDITEUR

L'Oracle de la sagesse des sorcières, avec Richard Crookes, coffret, 2021.
Médecine chamanique, coffret, 2019.
Divination des Temps Anciens, coffret, 2018.

Titre original : *Witches' Familiars*.
Publié pour la première fois en anglais par Solarus Publishing, UK.

Illustrations : © Kate Osborne.
Traduit par Anne Delmas.

ISBN : 978-2-38135-175-9

www.editions-tredaniel.com
info@guytredaniel.fr
www.facebook.com/editions.tredaniel
@vegaeditions
@tredaniel_eso

BARBARA MEIKLEJOHN-FREE

FLAVIA KATE PETERS

L'ORACLE DES FAMILIERS DES SORCIÈRES

Illustré par Kate Osborne

ÉDITIONS
VÉGA
19, rue Saint-Séverin
75005 Paris

Aucune d'entre nous n'a à traverser seule cette vie,
la magie cachée est prête à nous aider pour dégager le chemin
du retour chez nous.
Je fais appel aux royaumes de la terre, de l'air et de la mer
afin de remercier tous ces familiers qui m'ont guidée.
Et vous, élémentaux qui résidez dans l'éther,
les rêves et les mythes,
je vous adresse ma gratitude pour toute l'aide que vous m'avez
apportée aussitôt demandée.

Anonyme

SOMMAIRE

INTRODUCTION

La sorcière et son familier existent depuis longtemps dans le folklore des temps anciens. Des contes sinistres parlent de sorcières cachées sous leur cape, accompagnées d'effrayants chats noirs, et qui volent sur des manches à balai à travers la nuit étoilée, ou d'horribles harpies qui lancent de puissants sortilèges sous le regard d'un crapaud verruqueux. C'est là l'archétype des praticiennes de la magie de jadis – des *guérisseuses par tradition*[1] ou sorcières qui travaillaient en fait à leur magie avec de séduisantes créatures spirituelles, en utilisant charmes et sortilèges, invocations et divinations. Les guides dits « diaboliques » qui accompagnaient ces femmes de sagesse s'appelaient leurs « familiers » : c'était des entités surnaturelles qui prenaient la forme d'animaux, d'êtres féeriques ou d'humains pour les assister dans leur pratique de l'ancienne magie naturelle. On peut encore faire appel aux familiers aujourd'hui.

Si une sorcière souhaite prendre un animal pour familier, elle doit d'abord lui en demander la permission, ou bien les deux doivent se trouver par sérendipité, à travers des rêves ou par une rencontre fortuite sur le pas de la porte… Le familier et la sorcière sont des compagnons de magie, sachant tous deux qu'ils sont destinés à être ensemble pour des buts d'un autre monde. Le familier va protéger farouchement la sorcière dans ses voyages astraux, et la sorcière peut envoyer son animal faire pour elle un travail de magie. Le familier est très fidèle et sert

1. ou *tradipraticiennes* : traduction suggérée pour *cunning woman* (source : Les Portes du Sidh).

parfaitement sa partenaire dans toutes les affaires de sorcellerie. Il va l'alerter sur la présence d'esprits, de fantômes et d'étrangers, et la prévenir de tout agissement nuisible ou sombre qui a lieu dans d'autres mondes.

Une sorcière apprend beaucoup de son familier sur la magie en travaillant côte à côte avec lui physiquement et sur le plan éthérique, et le pouvoir qu'elle a de jeter des sorts va doubler quand ils le lancent ensemble, car son don de magie en est extraordinairement accru. Le familier est d'une grande aide pour la sorcière : il va l'aider à accomplir divers sortilèges et rituels, à apprendre les secrets des autres, à faire des découvertes ou des divinations, ou à accomplir toutes les autres tâches de magie qu'elle s'est fixée.

Chaque type de familier a son énergie propre – son énergie magique – à laquelle la sorcière va donc choisir de faire appel. En travaillant tous deux à la magie, le familier donne des conseils et aide la sorcière à choisir des herbes, des plantes et les autres ingrédients qu'elle pourrait avoir oubliés. Il est important que leurs personnalités s'accordent, car ils vont travailler ensemble toute leur vie. Quand le familier de la sorcière décède, il va quand même continuer à la guider depuis le monde de l'esprit, et soit faire en sorte qu'un nouveau familier vienne l'aider sur le plan terrestre, soit se réincarner sous une forme très familière à la sorcière ! Leur lien est télépathique, bien au-delà des limitations du temps et de l'espace, alors qu'ils cheminent ensemble entre les deux mondes. Le familier est le guide de la sorcière et son gardien du seuil.

Les cartes de *L'Oracle des familiers des sorcières* contiennent un éventail de familiers fascinants qui attendent que tu les rencontres et que tu fasses appel à eux pour qu'ils t'aident de façon magique. Depuis les classiques Chat noir, Crapaud et Araignée, jusqu'à d'autres créatures qui s'y trouvent associées – fées, sangliers, cygnes et chevaux –, une assistance venant du monde surnaturel, avec des recommandations et conseils aux sorcières, t'est offerte ici pour t'accompagner et te soutenir sur ton chemin magique de sorcellerie.

Sois bénie,
Barbara, Flavia et Kate

COMMENT SE SERVIR DES CARTES

Es-tu prête et as-tu envie de t'engager à suivre la guidance de tes familiers ? Chacune des cartes de cet oracle va éclairer les enseignements mystiques et le potentiel activé par ces familiers qui vont t'amener un sentiment plus puissant de positivité et du changement dans ta vie ainsi que dans celle de ton entourage. Cet oracle met entre tes mains une vaste gamme de familiers traditionnels, les plus courants et ceux d'un autre monde, pour te permettre d'accéder à la source de ta magie intérieure et de ton pouvoir émotionnel. Tu peux acquérir de la sagesse en consultant ces quarante-huit familiers qui évoluent à la fois dans le règne animal et le règne éthérique, chaque carte t'aidant à te connecter au message que chaque familier t'adresse intérieurement.

Passe du temps dans la nature, à écouter et apprendre par l'observation de ce qui t'entoure. Et deviens ton propre interprète des cartes, car c'est toi que recherche ta vérité intérieure. C'est une bonne idée de créer un espace sacré dans lequel tu pourras consulter le message qui t'est donné. La façon la plus simple est de purifier d'abord la pièce où tu te trouves. Une façon de procéder est de faire brûler un encens ou d'allumer une bougie et de consacrer l'espace au travail que tu vas entreprendre. Confortablement assise, bats les cartes. Il est important de formuler clairement sur quoi tu souhaites être éclairée.

Par exemple :

- Je souhaite me connecter à une vie passée qui peut m'aider pour mon travail.
- Je souhaite résoudre un problème que j'ai avec un membre de ma famille.
- J'ai besoin d'aide pour savoir où je dois investir mon énergie.

Quand tu te sens prête, choisis une carte et pose-la devant toi, l'image face à toi. Prends le temps de t'imprégner pleinement du mot et de l'image, puis prends le livre pour y trouver davantage d'éclairages et avoir une lecture personnelle de la signification que peut avoir la carte pour toi.

EXEMPLES DE TIRAGES

TIRAGE D'UNE SEULE CARTE

Bats plusieurs fois les cartes en faisant appel à tes guides (ancêtres, esprits guides ou même énergie divine) pour qu'ils t'aident dans une situation particulière. Tu peux faire cela à voix haute ou mentalement : sois aussi précise et claire que possible dans ta demande. Il peut s'agir d'une question concernant les relations, la santé, ou même de quelque chose comme de savoir si aller quelque part dans les jours prochains est une bonne idée ou non. Puis, en te servant de ton intuition, tire une seule carte du paquet. Ensuite, prends le livre et trouve les pages qui lui correspondent : c'est là qu'est ta réponse !

TIRAGE DE TROIS CARTES

Bats les cartes tout en demandant à tes guides de t'aider à faire venir à toi un tirage approprié à ce qui est le mieux pour toi. Puis demande que la vérité te soit révélée concernant une situation sur laquelle tu aimerais avoir davantage d'informations. Arrête-toi de battre les cartes quand tu te sens prête. Prends la carte qui est sur le dessus du paquet et pose-la devant toi, l'image te faisant face. Prends la carte suivante sur le dessus du paquet et pose-la de la même façon à droite de la première. Enfin, prends une troisième carte sur le dessus du paquet et pose-la à droite de la deuxième carte, avec là aussi l'image qui te fait face. En te servant du livre, tu peux lire les messages que chaque carte t'apporte pour cette lecture d'oracle à moyen terme. En allant de la gauche vers la droite, la première carte montre un facteur influent venant du passé, celle du milieu concerne la façon dont tu te sens à présent par rapport à la situation, et la troisième est ce dont tu as le plus besoin pour résoudre ou faire avancer la question. Concentre-toi principalement sur le « Message du Familier » donné dans le livre pour ta lecture d'oracle.

TIRAGE EN PENTAGRAMME

Le pentagramme est une source d'éclairages nouveaux ; ses cinq pointes représentent la Terre, l'Air, le Feu, l'Eau et l'Esprit. Pour cette lecture, on va tirer six cartes comme suit :

1. Le Présent – Cette première carte décrit la personne pour qui ce tirage est fait. En battant les cartes, images vers soi, cette personne choisit la carte qui la représente au mieux actuellement, et elle la pose au centre du tirage.

Les cartes suivantes seront, elles, choisies en étant battues face cachée.

2. La Terre : ce qui tient enraciné – Cette carte montre l'ensemble des problèmes existant dans l'entourage de la personne qui questionne. Qu'est-ce qui a fait que la situation stagne ?

3. L'Air : les Vents de l'influence – Cette carte fait connaître l'influence d'autres personnes. Y a-t-il des personnes qui ont une influence positive, ou y en a-t-il qui pompent l'énergie du consultant avec des messages négatifs ?

4. Le Feu : la Purification intérieure – Cette carte indique les conflits internes qui sont en jeu, en montrant les doutes de soi et les malentendus que la personne qui consulte entretient.

5. L'Eau : l'Intuition – Cette carte révèle où cette personne va découvrir ce qu'elle peut apprendre de la situation et comment elle peut s'adapter aux circonstances pour répondre à ses besoins et parvenir à ses objectifs.

6. L'Esprit : la Totalité de Soi – C'est à cela que mènent les autres cartes : c'est l'aboutissement du voyage. Cette carte montre comment les choses vont se résoudre si la personne reste fidèle à son chemin.

LES MESSAGES
DES CARTES

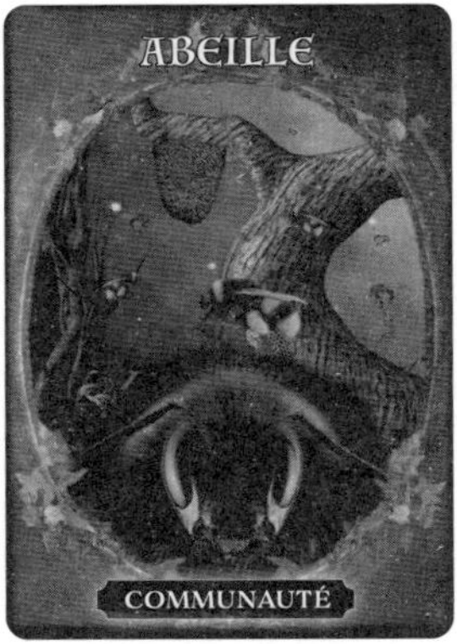

ABEILLE

COMMUNAUTÉ

Vole et virevolte d'une fleur à l'autre
en rencontrant de nouveaux amis d'heure en heure.
La douceur de la communauté
t'offre un temps où simplement être.
Je fais appel à l'Abeille pour m'aider
et utiliser pleinement ce pouvoir – qu'il en soit ainsi !

MESSAGE DU FAMILIER

Wow ! Tu t'es montrée une abeille active, volant alentour pour récolter et polliniser toutes tes idées, projets et objectifs dans ton travail et selon ta vision de la vie. Ta dévotion et ton implication à aider les autres sont reconnues. En servant ta communauté avec des idées nouvelles, tu partages le doux nectar de la vie et tu apportes les fruits de tes travaux. Réfléchir aux possibilités futures te montre qu'il n'y a aucune limite à tes beaux succès. Comme moi, tu es une travailleuse acharnée : « Je sais que je peux voler », tel est ton leitmotiv, même si d'autres essaient de t'attacher les ailes et de te retenir au sol. Alors, fais ta joyeuse danse d'abeille pour tous ceux qui en sont là pour leur montrer l'irrépressible force de ta nature. L'action juste amène l'abondance et la prospérité à tous ceux qui sont concernés, car les opportunités fleurissent dans le champ de tes rêves. Il est important de ne pas trop en faire d'un seul coup. Trouve ton rythme et prends le temps de sentir le parfum des roses, en appréciant les doux moments de la vie et les souvenirs. Sois qui tu es[1].

PRÉDICTION DU FAMILIER

Trouve du temps pour être avec ta famille et tes amis. Participe à une communauté qui aide les autres et la terre. L'abondance coule dans ta vie. Développe de nouvelles idées et de nouveaux projets et suis-les jusqu'à leur accomplissement. Prends la responsabilité de tes actions. Parle aux abeilles.

1. Jeu de mots : *Just Bee* (Sois Abeille !)

CONSEILS AUX SORCIÈRES

Confectionne des gâteaux au miel que tu laisseras dans ton jardin comme offrandes à Beltaine. Trouver une abeille morte est une grande chance. Mets-la sur ton autel et concentre-toi sur ta protection personnelle en demandant leur aide aux abeilles. Porte des bijoux ou amulettes avec des abeilles pour attirer la chance. Quand une abeille, une seule, entre dans ta maison, écoute les messages de prospérité qu'elle t'apporte. Les familiers de la déesse irlandaise Brigid étaient des abeilles : elles étaient sacrées pour elle à cause du nectar magique qu'elles donnaient.

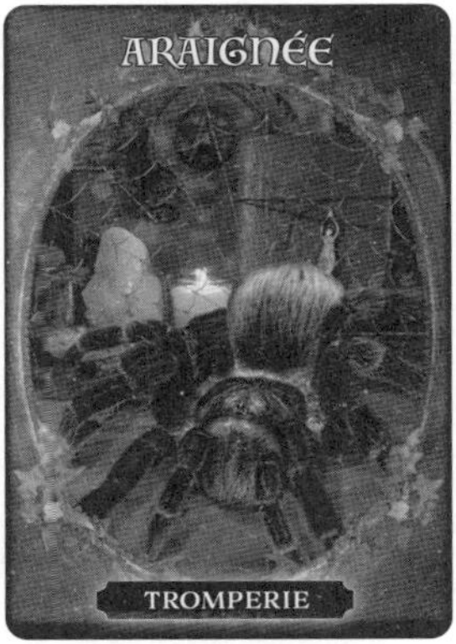

ARAIGNÉE

TROMPERIE

Effrayant et répugnant tissu de mensonges,
la fourberie surprend sournoisement.
Des pièges mortels sont tendus dans l'ombre, cache-toi,
traîtrise de tous ceux qui ont menti.
Je fais appel à l'Araignée pour m'aider
et utiliser pleinement ce pouvoir – qu'il en soit ainsi !

MESSAGE DU FAMILIER

Dis donc, tu es empêtrée dans une drôle de situation, n'est-ce pas ? Mais je t'ai rattrapée juste à temps, avant que tu ne te fasses dévorer par quelqu'un ! Alors que tu essaies de te sortir d'un méli-mélo de tromperies, permets-moi de me rapprocher de toi, car je vois qu'un tissu de mensonges se tisse autour de toi. Malgré ton appréhension, j'attends patiemment le bon moment pour apparaître. Et ce moment, c'est maintenant. Ceux qui cherchent à te tromper travaillent avec l'ombre, ils sont énergétiquement appâtés par toi comme l'araignée par une mouche. Ton tissage de vie est si séduisant que d'autres sont attirés en toute innocence à partager ta magie. Et toi, tu es si prise à essayer de les aider que, à ton insu, tu es devenue leur proie. N'aie pas peur, car un peu de la magie de l'Araignée va défaire ces liens élaborés qui se sont tissés pour te piéger, et je vais te reconstruire avec mon énergie féminine. N'oublie pas que tout dépend des choix que tu crées ; aussi, sois vigilante quand je rampe pour venir t'aider à travers le Grand Tissage de la Vie du Monde.

PRÉDICTION DU FAMILIER

Assure-toi que tes limites sont clairement posées. Fais attention à tes pensées et sentiments ; garde-les pour toi. Arrête de t'auto-saboter ! Tu tisses ta propre destinée. Une nouvelle maison ou une nouvelle carrière est en prévision.

CONSEILS AUX SORCIÈRES

Si une araignée se faufile dans ta poche, l'abondance va bientôt suivre. Si elle atterrit sur toi, l'argent viendra d'une source inattendue. Des araignées dans ta voiture t'amènent de la chance et t'offrent de voyager en toute sécurité. Pour les anciens Celtes, l'Araignée était celle qui détenait les fils de la vie, le tissage collant qui maintenait ensemble les clans. Suspends un attrape-rêve au-dessus de ton lit pour qu'il attrape les mauvais rêves éventuels.

BLAIREAU

PERSÉCUTION

Maltraitance ! Tourments ! Cours et cache-toi !
Tes blessures émotionnelles sont à lécher, intérieurement.
Confiance en soi, force et foi en soi,
le pouvoir reconquis ouvre la porte au soulagement.
Je fais appel au Blaireau pour m'aider
et utiliser pleinement ce pouvoir – qu'il en soit ainsi !

MESSAGE DU FAMILIER

Est-ce que tu vas te cacher du monde pendant longtemps encore ? Ne crois-tu pas que le temps est venu d'arrêter de te planquer et de montrer à tous qui tu es vraiment ? Oui, je sais que tu as été persécutée, humiliée et qu'on t'a fait te sentir coupable pour quelque chose que tu n'as pas fait, mais tu dois à présent en finir avec les drames ! Arrête de t'enfoncer dans ton terrier et sors te battre pour te défendre. Tu n'as pas besoin d'être exagérément agressive pour te protéger parce que tu n'es plus une victime. En creusant sous la surface de la situation actuelle, tu vas comprendre pourquoi les autres se sont comportés comme cela envers toi. Vois leurs caractéristiques et leurs peurs et agis selon la magie du Blaireau. Pose des limites fermes et récupère ce qui est pleinement à toi. Prends davantage confiance en toi et reprends la responsabilité personnelle de ta propre vie. Affirme-toi et ne laisse pas les autres profiter davantage de toi. Ça suffit !

PRÉDICTION DU FAMILIER

Reste ancrée dans tes convictions et ne permets pas aux autres de t'en arracher. Dis ta vérité, même si tu es la seule à le faire. Sois courageuse et féroce ; n'abandonne jamais. Assume tes responsabilités et ne t'appuie pas sur les autres. La vérité est sur le point d'être révélée.

CONSEILS AUX SORCIÈRES

Les blaireaux sont courageux et féroces, ils nous apprennent à ne jamais abdiquer. Ils nous montrent comment changer l'histoire de notre vie pour en vivre une nouvelle. Dans le passé, la graisse du blaireau servait dans le traitement des rhumatismes. Confectionne une amulette avec leurs poils pour éloigner la magie noire et porte sur toi une dent de blaireau pour attirer la chance. On croit que le cri de mort d'un blaireau ou son cri devant une catastrophe imminente amène la malchance à ceux qui l'entendent.

CERF

PRÉMONITION

Un sentiment qui s'insinue, le sixième sens ressent de la crainte.
Vision effrayante, être étrange…
Aie confiance dans les soupçons du Roi de la Forêt,
te voilà avertie, tiens compte de la prémonition.
Je fais appel au Cerf pour m'aider
et utiliser pleinement ce pouvoir – qu'il en soit ainsi !

MESSAGE DU FAMILIER

J'ai choisi de croiser ton chemin pour t'aider dans ta quête à déceler enfin et à reconnaître tes forces et tes visions spirituelles. Tu as reçu le grand don de seconde vue, qui t'a été transmis par ta lignée ancestrale, et il est temps de réveiller tes talents d'intuition et de sensibilité. Il est temps de te tenir dans ta grandeur et de te montrer, car tu as caché les prémonitions que tu as depuis que tu es toute jeune par crainte d'être rejetée ou considérée comme bizarre et folle. Avec l'âge vient la sagesse, et ton esprit majestueux va fusionner avec le mien alors que nous cheminons entre le monde de la magie et celui de l'ordinaire. Quand tu reconnaîtras tes capacités surnaturelles, tu seras plus à même de relever les défis qui se présentent. La magie du Cerf va déterminer si les sentiments, signes et visions que tu reçois sont de mauvais pressentiments ou s'ils sont favorables : faire confiance à tes instincts est une voie sûre à suivre pour maîtriser ces ressentis ou présager de ce qui ne peut être ignoré.

PRÉDICTION DU FAMILIER

Reste calme dans les situations difficiles. Sois consciente de ce que tu ressens et de la façon dont cela t'affecte. Fais confiance à ton intuition. Tu peux faire face à tous les challenges ou problèmes. Choisis la paix et la gentillesse. Tu es entourée d'un nouvel amour. N'ignore pas les signes.

CONSEILS AUX SORCIÈRES

Sers-toi de bois de cerf quand tu travailles avec la magie du feu pour déplacer les charbons et les pierres. Porte des bois de cerf sur ta tête pour renforcer tes visions. Confectionne-toi un collier avec du bois de cerf pour avoir force et protection. Le Cerf est associé au dieu Cornu parmi ses nombreuses incarnations. Artémis et Diane, déesses de la chasse, étaient des gardiennes de la forêt ayant le Cerf comme symbole.

CHAT NOIR

INDÉPENDANCE

Série de coups de chance, déguisement de sorcière.
Fidèle à l'Art de la Sage.
Sixième sens pour aider dans les sorts.
L'indépendance me rend bien service.
Je fais appel au Chat Noir pour m'aider
et utiliser pleinement ce pouvoir – qu'il en soit ainsi !

MESSAGE DU FAMILIER

Comme moi, ta réputation a été ternie – et pourtant, ce n'est pas ta faute. Tu es quelqu'un que l'on considère comme « différente », alors tu comprends à quoi ressemble le fait d'être jugée injustement et tu as souffert plus que ta part d'épreuves. Être investie dans la magie peut être une cause de rejet du monde ordinaire – et j'en sais quelque chose ! Jadis adoré, à présent vilipendé, on me voit comme le choix le plus impopulaire quand il s'agit d'avoir un animal à fourrure. Quoi qu'il en soit, personne ne me possède. Notre compréhension mutuelle nous lie tous deux puissamment et c'est un outil au service de l'Art[1]. Être sincère envers toi-même et fidèle à la cause va ouvrir et affiner tes sens, si tu suis tes instincts plutôt que d'écouter les détracteurs. La confiance en toi est la clé de la libération que tu désires ardemment, favorisant ta tendance à l'indépendance puisque tu es prête à faire le saut pour vivre ton choix. Fais appel à moi pour renforcer ta magie personnelle et tes pouvoirs psychiques, ainsi que la force d'aller seule sur ce chemin.

PRÉDICTION DU FAMILIER

Ta chance est sur le point d'advenir. Émancipe-toi d'une situation où tu es contrôlée. La loyauté a gain de cause. Une rencontre mystérieuse amène de la chance. Crois en toi ; arrête de t'appuyer sur les autres. L'indépendance va te libérer de la récente tempête de magie. Pelotonne-toi pour faire la sieste comme un chat. Parle à ton chat.

1. L'Art de la Sage (*Art of the Wise*) désigne la Sorcellerie (*Witchcraft*).

CONSEILS AUX SORCIÈRES

Connus pour leurs pouvoirs occultes et leurs capacités médiumniques, les chats noirs sont sacrés en sorcellerie comme ils l'étaient pour les déesses Bastet, Freya et Diane. Observe les mouvements que fait le chat pour prédire le temps qu'il fera, les maladies et la mort. Sers-toi des moustaches, poils ou griffes tombés naturellement pour lancer de puissants sorts. Rêver de chats signifie de la chance pour toi et pour ta maison.

CHAUVE-SOURIS
ORIENTATION

Aveuglée par la nuit la plus obscure,
envole-toi avec intrépidité loin de toute peur.
Un chemin de lumière t'est à présent révélé,
suis-le, car ton véritable destin est scellé.
Je fais appel à la Chauve-Souris pour m'aider
et utiliser pleinement ce pouvoir – qu'il en soit ainsi !

MESSAGE DU FAMILIER

Je comprends que tu as perdu ton orientation de vie. Il n'est pas facile d'avancer seule dans le noir, mais je peux t'aider à affiner tes sens pour t'accompagner dans cette transition qui t'amène de l'obscurité à la lumière. Viens te joindre à moi alors que je me suspends à l'envers sur un arbre : tu verras le monde avec un autre point de vue. Puisque je navigue dans l'esprit, je peux t'aider à découvrir ta sagesse intérieure quand tu chemines entre les mondes. À mesure que tu abandonnes tes vieilles peurs qui masquaient ton véritable potentiel et que tu te prépares aux changements à venir, tes capacités psychiques émergent à nouveau. C'est là un grand retournement qui va de la mort à la renaissance – un changement d'orientation où tu quittes le vieux soi et les vieilles habitudes devenues inutiles dans ta nouvelle transformation. En même temps que je te guide dans ta traversée de la nuit noire de l'âme, tu n'es plus incomprise ou rejetée par les autres. La lumière d'un jour nouveau te fait signe, et tu laisses le passé derrière toi pour voler sans peur vers l'illumination.

PRÉDICTION DU FAMILIER

L'équilibre entre l'obscurité et la lumière est en toi. Sois ouverte et prête au changement et aux transformations. Prépare-toi à la mort et à la renaissance, car elles font partie des cycles de la vie. Change en observant quels sont tes vieilles habitudes et tes anciens comportements. Tes sens sont prêts à devenir plus aigus.

CONSEILS AUX SORCIÈRES

Voir une chauve-souris qui s'élève rapidement du sol et redescend aussitôt symbolise que tes pouvoirs de sorcière vont augmenter en triple. Si une chauve-souris frappe de ses ailes à ta fenêtre, c'est un signe de perte ou de changement. Le sang et les os des chauves-souris étaient vénérés jadis par les sorcières qui les utilisaient pour des potions et sortilèges à porter sur le corps et pour mettre en œuvre des changements. Aujourd'hui, la Chauve-souris, qui correspond à la métamorphose de l'obscurité en lumière, est considérée comme un symbole de Samain.

CHEVAL

TRANSCENDANCE

Esprit libre de galoper, d'explorer.
Plus de limitations.
Ton pouvoir reconquis dans une cavalcade sauvage,
dresse-toi, surpasse-toi sur ton fidèle coursier.
Je fais appel au Cheval pour m'aider
et utiliser pleinement ce pouvoir – qu'il en soit ainsi !

MESSAGE DU FAMILIER

Waouh ! Tu t'es sentie un peu enfermée récemment, et ton esprit naturellement sauvage possède un désir effréné de liberté qui te pousse à te détacher de ceux qui voudraient te domestiquer. Tiens bon, partenaire, car te voilà dans la chevauchée de ta vie ! Grimpe sur mon dos et nous allons galoper vers tes buts personnels, tes ambitions et désirs, alors que je te fais cadeau du pouvoir et de l'endurance qui te sont nécessaires en ce moment. Ma concentration intense va t'aider à passer les obstacles alors que nous franchissons les barrières du parcours de la vie. Il n'y a pas de contrainte quand nous courons avec le vent, car mon magnifique pouvoir va te faire aller bien plus vite et plus loin que tu ne pourrais y parvenir seule. Fais attention à tes ressources physiques avant d'être trop fatiguée par de lourdes charges, et je vais t'aider à alléger ton fardeau. Prends soin de tes dons naturels alors que je t'amène à dépasser les limitations que tu t'es toi-même imposées pour aller là où t'attendent la suprématie et la maîtrise.

PRÉDICTION DU FAMILIER

Prends le temps d'être avec tes amis et ta famille. Joue davantage. Le succès et le pouvoir sont à ta portée. Travaille avec des chevaux. Va faire de l'équitation. Émancipe-toi de ce qui te retient. La liberté t'appelle. Tu peux faire confiance à tes relations. Tu as l'avantage.

CONSEILS AUX SORCIÈRES

Attache tes cheveux en queue-de-cheval pour attirer le pouvoir suprême des chevaux. Épona est la déesse romaine des chevaux. La déesse galloise, Rhiannon, chevauche un cheval blanc dans la magie de la nuit. Dans les rêves, le Cheval indique la direction à suivre. S'il tire une charrette, cela représente le bagage émotionnel. S'il a une bride, il promet un défi à affronter. S'il est sauvage, la liberté fait signe !

CHÈVRE

PUISSANCE

Pied lourd, coincé dans une ornière,
cela donne envie de te botter les fesses.
Puissance de la force et de la vigueur récupérées,
te voilà dans ton pouvoir pour garder le cap.
Je fais appel à la Chèvre pour m'aider
et utiliser pleinement ce pouvoir – qu'il en soit ainsi !

MESSAGE DU FAMILIER

Salut. Je savais bien que je te trouverais en bas. Ce dont tu as besoin, c'est d'une bonne poussée pour te décoincer et te sortir de cette ornière. Laisse-moi te rendre service : je suis peut-être sacrément entêtée, mais je ne suis pas du genre à me détourner de l'occasion de donner un petit coup de tête. J'ai tout ce qu'il faut – le cran, les tripes, les cornes, l'entraînement et le pouvoir – pour te faire bouger, que ce soit physiquement, émotionnellement ou spirituellement. Hume un peu l'air : je suis autour de toi. Martèle le sol, je suis sous tes pieds. À présent, regarde derrière toi – je suis dans ton dos. Mon pouvoir est si puissant que tu dois être très claire maintenant dans tes intentions. Sers-t'en pour un bien supérieur : pour un résultat qui soit bénéfique et ne soit ni préjudiciable ni vengeur. Je ne juge pas, même si beaucoup me jugent ; mais abuse du don que je te fais et tu n'auras plus qu'à ramasser les pots cassés. Aussi, si tu es vraiment prête à monter d'un cran, je suis là ; tout ce que tu dois faire, c'est me demander.

PRÉDICTION DU FAMILIER

Une offre qui n'arrive qu'une fois dans la vie t'est faite. Avant de prendre une décision majeure, sois très claire sur ton intention et transparente dans tes actions. Une tromperie est sur le point d'être découverte. Ce n'est pas du tout le moment de faire de pieux mensonges ou des mensonges tout court.

CONSEILS AUX SORCIÈRES

La Chèvre est une représentation du dieu Cornu, l'énergie masculine qui dirige l'Art et qui est le consort de la Déesse Mère. Dans ce rôle, la Chèvre est associée à la nature, aux régions sauvages, à la sexualité, la chasse, le cycle de la vie et l'union ultime du divin et de l'animal (qui inclut l'humanité). Ne va jamais taquiner un bouc ou lui tourner le dos.

CHIEN NOIR

PRESSENTIMENT

Il gronde et grogne à travers des brumes effrayantes.
L'appréhension grandit, alors que le destin tourne.
Le hurlement surgit comme un puissant signal d'alarme,
un avertissement pour sauvegarder du mal.
Je fais appel au Chien Noir pour m'aider
et utiliser pleinement ce pouvoir – qu'il en soit ainsi !

MESSAGE DU FAMILIER

À travers les landes et les brumes du temps, j'ai voyagé pour te prévenir de ce qui peut arriver. N'ignore pas ce message, car ce serait sinon à tes risques et périls. Mes sens aiguisés peuvent sentir à des milliers de kilomètres les orages imminents qui avancent à l'horizon et qui pourraient déstabiliser ton existence. N'aie pas peur ; je vais te protéger et monter la garde pour toi dans l'obscurité de la nuit pour que tu sois en sécurité. Voilà un moment que tu ressens ce malaise, et tu as besoin d'être sûre que tes ressentis intérieurs sont justes. Ne les mets pas en doute, car cela pourrait avoir des effets catastrophiques. Je monte farouchement la garde de ton territoire et tu vas m'entendre hurler pour te défendre, pour te protéger des prédateurs qui voudraient te faire du mal. La trahison est autour de toi, camouflée sous des apparences d'amour et de lumière. Mais ceux qui t'entourent ne sont pas ce qu'ils disent être. Ils cherchent à te faire chuter, car sous la surface de leur comportement, ils n'ont pas de bonnes intentions. Je chemine à présent à tes côtés en tant que ton gardien, loyal et fidèle, pour empêcher tout mal de t'arriver dans le futur.

PRÉDICTION DU FAMILIER

Reste à tout moment concentrée sur toi. Fie-toi à ton ressenti viscéral ; ne l'ignore pas. Sois comme un chien avec son os – persiste jusqu'à ce que tu aies les réponses que tu cherches. Sois attentive à tous les signes et symboles. Ta férocité intérieure fait surface pour hurler ta vérité.

CONSEILS AUX SORCIÈRES

Visualise que tu te métamorphoses en un chien noir pour avoir accès à ton courage et ta force intérieure. En tenant des poils de chien dans la main, invoque les chiens pour être protégée, pour renforcer les limites, ou si tu as désespérément besoin d'aide et de soutien. Hécate, déesse de la sorcellerie, a des chiens noirs qui montent la garde des portes du monde souterrain. La nuit, elle part avec eux à la recherche des âmes perdues.

CHOUETTE

SAGESSE

La sagesse traverse les âges
et vient à ceux qui apprennent, en révélant des sages.
Forte perspicacité, dons à recevoir.
Une sage, une vraie. En cela, je crois.
Je fais appel à la Chouette pour m'aider
et utiliser pleinement ce pouvoir – qu'il en soit ainsi !

MESSAGE DU FAMILIER

D'accord, c'est le moment de faire une pause pour réfléchir et reprendre ton souffle. De mon point de vue tout en haut des arbres, je te vois essayer avec force d'être tout pour tout le monde : tes efforts sont louables, mais sont-ils avisés ? Est-ce que courir comme ça et parler sans fin est le meilleur usage que tu puisses faire de tes dons, de ton énergie et de ton temps ? Je ne le crois pas. Tu es responsable de beaucoup de choses, mais tu as besoin d'être mieux informée sur les sujets qui viennent à toi. Planifie les choses et cherche à être vraiment qualifiée, suffisamment reposée, et dans une bien meilleure position pour pouvoir parler avec davantage d'autorité et d'expérience. Les résultats dans ton travail, en sport, dans tes relations et les domaines qui t'intéressent s'amélioreront dès que tu pourras assumer ce que tu ne connais pas, plutôt que de le survoler. Prends les mesures nécessaires pour apprendre, te préparer et t'informer davantage. Tu ne peux pas tout connaître, mais tu peux actuellement avoir la sagesse de te mettre en meilleure position pour aider les autres, et comprendre ce qui est utile pour faire correctement les choses.

PRÉDICTION DU FAMILIER

Lis davantage. Écoute les deux côtés d'une dispute. N'aie pas peur de dire non ou de dire que tu ne sais pas. L'aide est à portée de main, si tu le souhaites. Actualise tes qualifications. Assure-toi d'avoir tous tes papiers en ordre : impôts, comptes, contrats, etc. Écoute tes aînés.

CONSEILS AUX SORCIÈRES

Sacrées pour la déesse Athéna, les chouettes alertent les sorcières quand un danger est proche et elles offrent leur protection contre les énergies nuisibles. Offre un abri qui lui convient à une chouette pour qu'elle garde les rongeurs éloignés de ton jardin. Ramasse les plumes tombées pour les mettre sur ton autel.

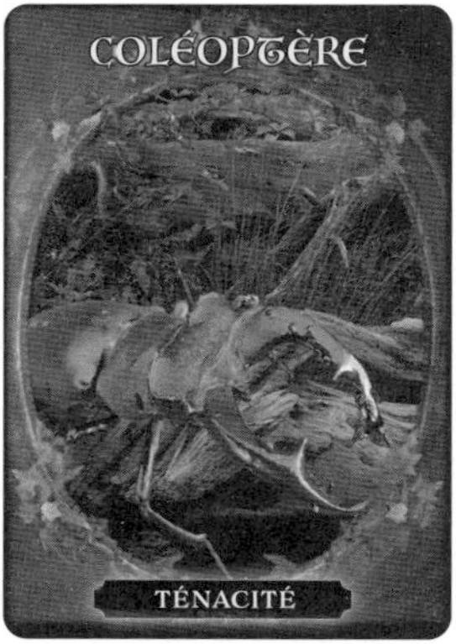

COLÉOPTÈRE

TÉNACITÉ

Ennuyeuse, lassante, la vie est si terne,
regarde un peu, voilà des occasions à saisir.
Une chance en or inespérée,
des pinces fortes pour s'accrocher et réussir.
Je fais appel au Coléoptère pour m'aider
et utiliser pleinement ce pouvoir – qu'il en soit ainsi !

MESSAGE DU FAMILIER

Parfois, quand une occasion se présente, il faut agir. Il se peut que tu n'y sois pas complètement préparée, tu peux manquer d'un peu de confiance ou d'assurance, et le plus souvent le temps joue contre toi. Mais rien de cela ne devrait t'empêcher de saisir cette chance merveilleuse. Fais appel à moi pour t'aider à présent, car j'ai maîtrisé l'art de tirer le meilleur parti de la glorieuse étape finale de ma vie. Il te semble à toi que les choses roulent d'elles-mêmes sans rien d'extraordinaire, sans qu'il y ait de changement ou d'amélioration – tout comme cela l'a été pour la plupart de mon existence en tant que larve, à ronger du bois par en dessous. Et puis, soudain, quelque chose survient comme sortant de nulle part : un déplacement, une nouvelle relation, l'argent pour te recycler dans le travail de tes rêves... La panique s'installe. Sers-toi de mon pouvoir maintenant. J'apparais comme sortant de nulle part, en étant pleinement formé, avec des pinces géantes, prêt à aller dans le monde, à me trouver une compagne et à accomplir le but de mon existence. Tes pinces sont à l'intérieur de toi : tu sais qu'en allant de l'avant et en saisissant l'occasion qui t'est donnée, tu vas recevoir tout le soutien dont tu as besoin pour en faire un succès.

PRÉDICTION DU FAMILIER

Arrête de te rebeller pour le plaisir. Dis ta vérité avec amour. Essaie de voir les deux côtés des situations. Puise dans tes expériences passées pour développer tes forces. Fais appel à la puissance de Sekhmet.

CONSEILS AUX SORCIÈRES

À Rome, jadis, les enfants recevaient des amulettes en forme de scarabée pour éloigner la maladie. Rêver de scarabée est un rappel à la fois des réussites brillantes et des échecs difficiles que tu vas rencontrer en cherchant à atteindre ton but ; la direction dans laquelle tu t'orientes va t'amener le résultat désiré.

CORBEAU
DÉTERMINATION

Conflits intérieurs très profondément enfouis,
augures magiques, secrets à préserver.
La détermination s'envole haut vers son but,
élève-toi sur tes ailes sombres, et vole !
Je fais appel au Corbeau pour m'aider
et utiliser pleinement ce pouvoir – qu'il en soit ainsi !

MESSAGE DU FAMILIER

C'est depuis le Grand Vide que j'arrive en volant, avec une détermination surnaturelle qui va t'être très utile alors que tu affrontes l'adversité. Le mystère et la magie des anciens invitent ma sombre présence à venir t'aider et te soutenir dans la traversée de ces temps obscurs. Depuis là où je suis perché, j'ai observé ceux qui te craignent et j'ai vu toutes les fois où tu as été repoussée. De lourdes responsabilités ont entraîné des doutes, et pourtant tu continues à porter le fardeau de la sagesse et de la connaissance que d'autres désirent ou sur lequel ils rechignent. Que la clé de ta réussite soit la persistance ! Alors que tu te lèves pour faire face aux difficultés, permets à mes ailes noires de te soutenir en volant haut ensemble au-dessus des obstacles. Mon cri perçant en appelle à la protection des ancêtres qui bannissent les actions nées de mauvaises pensées. Reste forte, car tu es porteuse de la magie du Corbeau, et ne laisse personne t'ébouriffer les plumes alors que tu fais la lumière dans l'obscurité, sans peur et avec une grande ténacité.

PRÉDICTION DU FAMILIER

Tu es sur le point d'apprendre une leçon de grande valeur. La magie est dans l'air. Tu es gratifiée de visions prophétiques. Débarrasse-toi de tes peurs intérieures. Sers-toi de ton intelligence. Fais entendre ta voix. Ne laisse pas les autres te bouffer. Quelque chose de spécial est sur le point de se produire.

CONSEILS AUX SORCIÈRES

Écris avec une plume de corbeau dans ton livre des ombres. Sers-toi de plumes de corbeau pour le travail d'extraction et de guérison. Suspends des plumes de corbeau avec des clochettes aux fenêtres et aux portes pour contrer la malveillance. Tiens une plume de corbeau dans ta quête de vision. Deux corbeaux accompagnaient Odin, le chef des dieux nordiques. La déesse irlandaise Morrigan avait beaucoup de déguisements différents, dont l'un était le Corbeau sur les champs de bataille.

CORNEILLE

SOUVERAINETÉ

La Corneille prévient d'un cri de guerre.
Les messagers noirs s'élèvent dans le ciel sombre.
Mort, destruction, perte et malheur
qui consument l'esprit doivent s'en aller.
Je fais appel à la Corneille pour m'aider
et utiliser pleinement ce pouvoir – qu'il en soit ainsi !

MESSAGE DU FAMILIER

Ma présence sinistre montre en elle-même que la bataille a commencé. Le cri d'une blessure profonde te consume au plus obscur de tes émotions, et tu sombres dans les profondeurs désespérées de l'inconnu. Du tréfonds de l'abîme, je vais te prêter ma vision spirituelle pour voir au-delà de ta vision limitée, en t'amenant un message de l'entre-mondes. Car c'est le mystère et la magie des Voies Anciennes qui te fait signe quand j'apparais à tes yeux. Je suis un présage de changement et de transformation : t'ayant observée depuis un moment, je viens te révéler à la fois la force de ta lumière et la magie profonde qui peut être invoquée depuis ton obscurité intérieure. En même temps que tu apprends à voler entre les mondes, les blessures du passé sont libérées. Aussi, laisse-les partir et permets à la puissante envergure de mes ailes couleur de jais de t'aider à te relever. Ressens le pouvoir et l'expansion qui viennent en récupérant ta souveraineté par-dessus tout !

PRÉDICTION DU FAMILIER

Il est temps de récupérer ta force et ton pouvoir. Équilibre la lumière en accueillant pleinement ton côté ombre. La Corneille met en évidence le chemin que tu dois prendre. La mort ou la fin de quelque chose d'ancien est imminente. Libère le passé et passe à autre chose.

CONSEILS AUX SORCIÈRES

Les corneilles sont un pont magique entre les mondes et peuvent être utilisées pour voler et espionner ! Signe venant nous rappeler notre mortalité, on craint souvent la présence de la Corneille, car la mort est imminente quand elle apparaît. En tant que porteuse de magie, mystère et pouvoir, la Corneille qui est associée à la déesse des batailles, Morrigan, peut nous aider à reconquérir notre souveraineté.

CRABE

RETRAIT

Carapace de protection des défenseurs de la plage,
voici le temps de se retirer là où personne ne pourra venir.
Se retirer des attaques, mettre en place les limites,
dans un abri et sanctuaire où être pleinement en sécurité.
Je fais appel au Crabe pour m'aider,
et utiliser pleinement ce pouvoir – qu'il en soit ainsi !

MESSAGE DU FAMILIER

Il est grand temps de changer de direction dans une situation particulièrement inconfortable ou dangereuse à laquelle tu es confrontée. J'ai observé tes pas de côté et je t'ai vue t'enfuir et disparaître dans ton trou alors que tu aurais pu résister et te défendre. Le retrait n'est pas une réponse quand l'adversité montre sa sale tête. Tu as sur toi l'épais manteau d'une armure protectrice qui recouvre ta vulnérabilité, et il est temps de tenir tes positions et de repousser ceux qui te mettent dos au mur. Être réduite au silence te force à te retirer dans ta coquille, en te laissant un sentiment d'insécurité et l'humeur maussade. Fais attention à ne pas révéler ton centre vulnérable ni à baisser ta garde – certains sont prêts à y enfoncer leurs pinces si tu t'exposes aux attaques. Un faux retrait est la meilleure option dans ces circonstances pour apprendre l'autoprotection, les limites, reconnaître tes besoins personnels, et savoir dire non aux demandes des autres.

PRÉDICTION DU FAMILIER

Fais-toi toujours passer en premier ; cela s'appelle l'estime de soi. Honore ta vulnérabilité. Ne livre pas tes secrets intimes, personnels. Protège ce qui t'est précieux. Apprends à t'éloigner de ce qui n'a pas l'air bien. Il est temps d'aller faire un tour au bord de la mer.

CONSEILS AUX SORCIÈRES

Dessine, sur une carapace de crabe vide, des symboles personnels ou des sceaux pour avoir une protection. Mets une carapace vide retournée sur ton autel ; remplis-la d'eau de mer et tourne-la face à l'ouest. Attache des pinces de crabe sur une ficelle que tu suspends près de portes et fenêtres pour mettre des limites. Sers-toi de poudre de carapace de crabe pour inverser la magie et la retourner à l'envoyeur.

CRAPAUD

BONNE FORTUNE

La bonne fortune fait un saut vers toi aujourd'hui.
La chance a tourné. Hourra ! Hourra !
Saute de joie, chante et coasse,
revirement du sort, tu n'es plus fauchée.
Je fais appel au Crapaud pour m'aider
et utiliser pleinement ce pouvoir – qu'il en soit ainsi !

MESSAGE DU FAMILIER

Il est temps d'arrêter de faire du surplace, alors saute sur la terre ferme et rejoins-moi alors que je me prélasse à la chaleur du soleil. J'ai fait un bond pour venir dans ta vie t'annoncer que ta fortune est sur le point de changer. Mes pouvoirs magiques, dont les sorcières du passé se servaient pour fabriquer des potions, te promettent de transformer ta vie si tu me laisses entrer. Ne sois pas effrayée par les histoires anciennes, car sous ce déguisement trompeur je suis vraiment un prince magnifique qui attend de t'aider. Tes vœux ont été exaucés puisqu'un revirement du sort te donne un coup de main en te tournant vers les trésors qui t'attendent. Pour autant, cela ne va pas se passer du jour au lendemain et cela demande que tu agisses un peu en faisant les changements qui s'imposent, même si c'est quelque chose que tu préférerais ne pas faire. N'aie pas peur, car les récompenses se justifieront d'elles-mêmes. Mon camouflage te sera très utile quand tu te mettras en chasse pour saisir les occasions qui sont bonnes pour toi. Surveille, attends et observe en même temps que tes doutes se dissipent, et bientôt tu te rendras compte que la mare était bien plus grande et riche en imprévus que tu as pu le penser avant.

PRÉDICTION DU FAMILIER

Fais attention aux détails mineurs. Tu es à un carrefour de ton existence. Manifeste des intentions positives dans ta vie pour faire venir la bonne fortune. Ne doute pas de tes aptitudes à réussir. Tu es dans un filon de chance. La fortune t'est favorable.

La peau entière des crapauds était utilisée pour les sortilèges de bannissement et d'amour. On se servait de la magie du Crapaud pour changer les gens en crapauds. Frotter un crapaud contre sa peau était censé enlever les verrues, et on portait un crapaud mort dans un petit sac autour du cou pour empêcher les crises d'épilepsie.

CYGNE
FIDÉLITÉ

Allégeance jurée, croire en toute confiance.
Foi dans la vérité, laisse parler ton cœur.
Quand la tentation teste le lien le plus vrai,
la fidélité va bien au-delà.
Je fais appel au Cygne pour m'aider
et utiliser pleinement ce pouvoir – qu'il en soit ainsi !

MESSAGE DU FAMILIER

Je reste sincère à un autre pour la vie, mais ton chemin peut sembler très différent en ce moment. C'est la confiance qui est en question quand il s'agit des affaires du cœur. La tentation est l'indicateur que quelque chose ne va pas dans ta relation actuelle. Tu ne peux pas jouer sur les deux tableaux ; pars d'abord, avant de t'embarquer dans quelque chose de nouveau. Si tu suspectes ton (ou ta) partenaire d'aller voir ailleurs, confronte-toi à lui (ou à elle) d'abord ; ensuite, tu as le choix de mettre ou non un terme à cette relation. Il s'agit d'être authentique envers toi-même également. Cela demande beaucoup de compréhension, de patience, de faire des compromis et de pardonner si l'on veut maintenir des relations significatives pendant longtemps. Mais quand c'est fait avec honnêteté, ces relations peuvent être la fondation sur laquelle une vie bien plus magique peut se construire – la plus puissante de ces relations étant celle que tu as avec toi-même. Viens sous mon aile ; ne triche pas en faisant semblant d'être ce que tu n'es pas, ou en évitant les choses que tu as besoin de travailler dans ton intériorité. Sois ton meilleur partenaire de vie, et tous ceux avec qui tu entres en amitié, en amour, ou avec qui tu travailles vont s'épanouir en ta compagnie.

PRÉDICTION DU FAMILIER

L'herbe n'est pas forcément plus verte ailleurs. Pratique la méthode du miroir[1]. Décide si tu veux ou non un engagement. L'amour

1. Louise Hay, *La Méthode du miroir, 21 jours pour transformer votre vie*, Guy Trédaniel éditeur. Apprendre à s'aimer à l'aide d'un miroir.

de ta vie est tout près. Termine toujours une chose avant d'en commencer une autre. Les tricheurs se font rares quand il s'agit vraiment d'amour.

CONSEILS AUX SORCIÈRES

Un cygne blanc qui entre dans tes rêves symbolise le besoin de purifier ta vie, alors qu'un cygne noir indique qu'une vérité profonde attend d'être libérée. Mettre une plume de cygne sur ton autel favorise l'amour, le soutien et la guérison de ton être physique et émotionnel.

DRAGON

ÉMERGENCE

Dragons volants, culpabilité ancienne,
s'élevant haut sur une flamme.
Dessein nourri pour apparaître, enflamme-toi,
car les révélations se font jour.
Je fais appel au Dragon pour m'aider
et utiliser pleinement ce pouvoir – qu'il en soit ainsi !

MESSAGE DU FAMILIER

Ce n'est pas parce que j'existe dans les profondeurs les plus obscures de ton imagination que je ne suis pas réel. C'est mon ADN magique qui est enserré dans ta lignée ancestrale, ainsi que la déesse Tiamat te le confirmera. Nous, les dragons, nous sommes nés en sortant des eaux primordiales, et avons été envoyés aux quatre coins de la terre. Bien que tu puisses être intimidée par notre réputation de destruction et chaos, je vais te communiquer le courage, la force et la faculté de te révéler pour faire face aux situations les plus difficiles. En tant que maître des éléments, je choisis le feu pour alimenter la flamme de la passion qui est en toi et te permettre d'être dans ta vraie lumière, quand tu vas t'emparer de ton but en pleine puissance, vitalité et vigueur. Le temps est venu de briser les barrières et de cesser de te cacher pour révéler qui tu es. Avec le feu alchimique qui est allumé en toi, permets-moi d'orienter à dessein mes flammes sacrées pour qu'elles brûlent toutes les illusions de peur et toute négativité. Le changement arrive.

PRÉDICTION DU FAMILIER

Des faits et de nouvelles informations viennent au grand jour. De surprenantes révélations te font revoir ton approche. L'authenticité est à présent la clé. Des occasions attendent avec la fin des anciens schémas. Prends une décision. Avoue et vide ton sac. Sois la meilleure version de toi-même.

CONSEILS AUX SORCIÈRES

La Voie des Dragons est une voie où la création passe par la destruction ; elle est connectée à Lucifer, Lilith, Tiamat et Belial. Décrète une forme de protection avant d'invoquer un dragon. Pour l'invoquer, mets des bougies noires au nord et des bougies aux couleurs des élémentaux à l'est et à l'ouest. Assise entre les bougies, fais appel au Dragon pour qu'il apparaisse à l'heure magique qui est ton moment préféré.

ÉCUREUIL ROUX

CONSCIENCIEUX

Aie conscience et fais attention à présent,
l'application soulage la tension.
Tu dois te préparer et ne pas te tromper,
obligation de t'éveiller.
Je fais appel à l'Écureuil Roux pour m'aider
et utiliser pleinement ce pouvoir – qu'il en soit ainsi !

MESSAGE DU FAMILIER

Oh, très chère ! Ton indifférence et ta nonchalance suggèrent que rien ne peut te perturber, mais je vois que ce n'est pas ce que dit ton cœur. Tu compromets là ton niveau d'intégrité et tu pourrais la mettre en danger. Mon message, en tant que gardien de la forêt, t'incite à prendre le temps de jouer et d'être sociable, comme moi, mais de le faire en étant attentive aux besoins des autres, et non pas pour tomber dans les ragots ou la calomnie. Sois consciente de la façon dont tu abordes les autres, et sois appliquée dans ce que tu fais. Ton chemin de vie n'a pas à être déterminé par la chance, les occasions ou le destin. C'est uniquement une question d'être attentive à la tâche qui se présente et de construire l'harmonie à travers le respect et la conscience des paroles que tu emploies et des actions que tu fais. Maîtrise ma magie pour accroître tes perceptions et tes instincts. Alors que ta vigilance s'éveille au niveau d'une pleine conscience, remarque la beauté et les dons de la nature qui sont autour de toi. Ensemble, nous allons remplir tes réserves avec tout ce dont tu as besoin pour préparer le futur.

PRÉDICTION DU FAMILIER

Sois préparée. Prends le temps de te grouper à d'autres. Le changement est aussi bon que le repos. Une décision produit des résultats. Fais un travail qui te passionne. Réfléchis avant de parler. Équilibre le travail et le jeu. Porte une attention méticuleuse aux détails. Il est temps de prendre tes devoirs au sérieux. Fais un effort.

CONSEILS AUX SORCIÈRES

L'écureuil est le messager des dieux : la reine des fées irlandaise Mebh en avait un perché sur son épaule. Un écureuil malicieux appelé Ratatosk vivait dans l'Arbre-Monde de la mythologie nordique. Les sorcières travaillent avec les écureuils qui vont courir partout pour leur ramener des nouvelles et des ragots.

ELFE

ESPIÈGLERIE

Magie elfique à invoquer,
une espièglerie fâcheuse n'est pas une blague.
Séduisant, ludique et nuisible,
les farces de l'Elfe créent de l'inquiétude.
Je fais appel à l'Elfe pour m'aider
et utiliser pleinement ce pouvoir – qu'il en soit ainsi !

MESSAGE DU FAMILIER

Les farces et le rire font partie de mon jeu pour alléger l'humeur sombre dans laquelle tu es. Quand des choses disparaissent, sois sûre que c'est moi qui les ai délibérément cachées ! Mais ne te tracasse pas : tu vas les retrouver, car elles vont réapparaître de façon étonnante dans les endroits les plus improbables. Les plaisanteries de ma magie sont juste pour s'amuser et je ne te veux aucun mal. J'essaie simplement d'attirer ton attention. Si tu ne comprends pas la plaisanterie, suis plutôt mon exemple et va te distraire au milieu des arbres, car les anciens bois et forêts sont les terrains de jeu de jadis dont j'étais le protecteur. Quand je suis dans le coin, la confusion, les malentendus et les mésaventures débarquent, et tu peux être accusée de ne pas jouer le jeu ou de ne pas suivre les règles. Comprends les limites de ta magie, car, si tu ne les vérifies pas, ta nature joueuse peut très facilement basculer dans les aspects plus sombres de la malice, qui peuvent agir au détriment de l'enthousiasme des autres.

PRÉDICTION DU FAMILIER

Lâche un peu ! Fais-toi une bonne crise de rire. Sois un plaisantin cosmique et vois l'humour dans toutes les situations. Libère ton enfant intérieur. Médite avec les arbres. Travaille avec la connaissance des arbres. Connecte-toi à l'Arbre de Vie. Arrête de te mêler des affaires des autres. Méfie-toi : quelqu'un est prêt à te faire un sale coup !

CONSEILS AUX SORCIÈRES

Travaille avec un peu de magie elfique pour alléger une humeur sombre, épice un peu les choses, ou donne une leçon à quelqu'un. Enveloppe une pièce de monnaie dans une feuille et enterre-la au pied d'un chêne pour avoir de la prospérité en grandissant en force. Des feuilles en cadeau empêchent d'être pris pour cible par des Elfes (avec leurs flèches invisibles qui provoquent des douleurs physiques aiguës).

FÉE

GLAMOUR

Sortilège attirant, charme d'assouvissement,
ce n'est qu'un sortilège pour faire du tort.
Un onguent magique frotté sur les yeux
dévoile l'illusion, enlève le déguisement.
Je fais appel à la Fée pour m'aider
et utiliser pleinement ce pouvoir – qu'il en soit ainsi !

MESSAGE DU FAMILIER

Ne te laisse pas prendre par l'illusion, car les apparences peuvent être trompeuses. Ta curiosité ne te révèle que ce que tu souhaites découvrir, et la confusion t'empêche de voir ce qui est vrai. Le glamour est ma magie – la magie dont se sert mon peuple pour se déguiser, semer la zizanie, ou déplacer des objets simplement pour te déconcentrer. Ma beauté radieuse va t'attirer pendant que je travaille avec des enchantements et que je mets sur toi des charmes en traversant les royaumes à la fois des fées et des mortels. Tes rêves éveillés de revenir à la maison comblent le fossé entre nos mondes, et une intense communion avec la nature te donne l'aptitude à voir les esprits de la nature sauvage et à avoir accès aux connexions magiques par l'imagination. Alors que je partage avec toi d'obscurs secrets de fée et des conseils de beauté pour séduire, permets-moi de frotter sur tes yeux un onguent ancien pour te révéler toutes les façons de se déguiser, car les choses ne sont pas ce qu'elles semblent être quand il s'agit de travailler avec le glamour de la magie féerique.

PRÉDICTION DU FAMILIER

Crois pour voir. Il est temps de te réinventer. Fais une cure de jouvence. Regarde sous la surface des choses. Tu es belle à l'intérieur et à l'extérieur. Les apparences ne sont pas tout. On ne juge pas un livre à sa couverture. Fais vérifier ta vue. Des détails essentiels sont cachés. Connecte-toi à la magie de la nature.

CONSEILS AUX SORCIÈRES

Travaille avec l'illusion de la magie du glamour pour masquer la laideur ou le vieil âge sous une apparence de jeunesse et de beauté. Métamorphose-toi en animaux et insectes, comme des papillons, pour glaner les secrets d'autres à leur insu. Travaille avec un ancien charme féerique pour changer la couleur de tes yeux ou de tes cheveux. Le reflet du miroir casse le glamour.

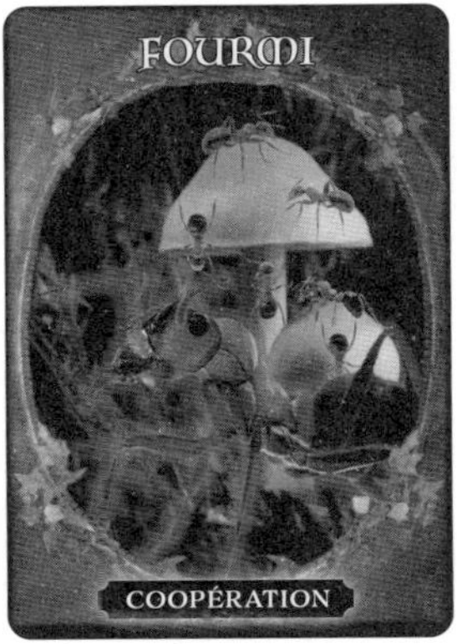

FOURMI
COOPÉRATION

L'aide est à portée de main, il n'y a rien à craindre,
la charge est allégée quand la Fourmi est tout près.
Je vais ravaler ma fierté, faire partie de l'équipe,
plus rien ne me pèse à présent et je peux suivre mon rêve.
Je fais appel à la Fourmi pour m'aider
et utiliser pleinement ce pouvoir – qu'il en soit ainsi !

MESSAGE DU FAMILIER

Je t'ai regardée et observée lutter jour après jour. Tu te sens perdue et seule, cherchant le chemin du retour chez toi, alors que tu portes à toi seule tout le poids du monde sur tes épaules. Ta fierté t'empêche de demander de l'aide, du soutien et des conseils. Mais tout au fond de toi, tu pleures pour faire partie d'une famille, d'un clan, ou d'une communauté avec qui partager les fardeaux de la vie. La bonne nouvelle, c'est que tu n'as pas à cheminer seule, car l'aide est à portée de main. Je suis sans doute petite, mais j'ai une très grande force qui peut t'aider à traverser cette période plutôt difficile. N'oublie pas que ta famille, tes amis et des collègues de travail attendent de collaborer avec toi pour créer une vie meilleure. La coopération va lever tous les obstacles sur ton chemin ; en ayant recours à la patience, au courage et à la persistance, je vais te guider à reconstruire ta vie pour le bien de tous ceux qui sont concernés. Fais un pas à chaque fois, en sachant que tu seras pleinement soutenue dans tout ce que tu fais.

PRÉDICTION DU FAMILIER

Quand la Fourmi entre dans ta vie, c'est une incitation à l'action. Il est temps de vivre une vie d'équilibre avec la terre, en étant à son service en tant que gardienne spirituelle. Il est temps d'être organisée. Garde la vivacité de tes instincts et ta concentration. Ta force intérieure va te faire traverser une situation difficile.

Trouver une colonie de fourmis près du pas de sa porte amène des bénédictions : sécurité, chance et prospérité pour tous. Tuer des fourmis dans sa maison apporte la malchance, aussi demande-leur plutôt de partir. Selon le folklore, les fourmis sont les âmes des anciens Druides. Quand on travaille avec des os ou des crânes, on les met près d'une fourmilière et on demande aux fourmis de nettoyer la chair des ossements.

FURET

OBSERVATEUR

On perçoit des choses cachées, des faits qui ne sont pas vus.
Aie l'œil, reste en éveil, sois vigilante, en alerte.
Remarque, observe ce qui est alentour,
et les découvertes vont bientôt t'étonner.
Je fais appel au Furet pour m'aider
et utiliser pleinement ce pouvoir – qu'il en soit ainsi !

MESSAGE DU FAMILIER

Ouvre les yeux et reste sur tes gardes. Il se passe bien des choses derrière les portes closes et on en dit beaucoup dans les coins sombres – des choses dont tu devrais prendre conscience avant de t'engager dans des décisions définitives, surtout en ce qui concerne ce qui se passe chez toi. Mes pouvoirs t'aident à en avoir un aperçu ainsi qu'à te donner les informations dont tu as besoin. Je suis rapide, silencieux et toujours vigilant sur ce qui se passe autour de moi. Envoie-moi dans des endroits lointains ou proches, et je peux me charger de faire cela pour toi sans attirer vraiment l'attention, car la plupart des gens vont m'éviter plutôt qu'essayer de m'attraper. Je peux avoir l'air d'avoir un joli minois et une fourrure douce, mais ma morsure est sévère et j'ai un corps qui sait se tortiller pour se sortir des situations difficiles. Mets ton attention là où tu en as le plus besoin ; ne sois pas distraite et ne t'égare pas. Reste vigilante sur ce qui se dit et tu sauras bientôt qui essaie de te duper, et à qui tu peux te fier et même de qui tu peux apprendre. Tu as beaucoup à gagner à regarder toutes les options qui s'offrent à toi et à observer à présent la situation sous tous les angles.

PRÉDICTION DU FAMILIER

Ne te précipite pas dans un changement de travail ni dans un déménagement ; vérifie d'abord toute la paperasse et, s'il agit d'acquérir une propriété, regarde attentivement l'environnement. Si tu n'es pas sûre du conseil que l'on t'a donné, demande un second avis.

CONSEILS AUX SORCIÈRES

Face à la perspective de l'invasion par la Horde d'or de Genghis Khan, le sorcier Volga Vseslavich (Vseslav de Kiev) eut recours à l'aide des familiers pour vaincre l'armée du Khan sans même livrer bataille. Cela passa par sa transformation en un furet qui entra dans l'arsenal du Khan et y grignota les flèches et les cordes des arcs… Jadis, on croyait que les furets pouvaient guérir la coqueluche si l'on buvait dans le même bol de lait qu'eux.

GNOME
GARDIEN

Gardien magique de la faune et des fleurs,
régisseur des pouvoirs mystiques de la nature.
Défenseur de la magie et gardien de la terre,
voyage intérieurement pour restaurer et faire renaître.
Je fais appel au Gnome pour m'aider
et utiliser pleinement ce pouvoir – qu'il en soit ainsi !

MESSAGE DU FAMILIER

Mon gardiennage consciencieux est une fondation solide, fondamentale pour ta sécurité. Je m'occupe tranquillement de ce que j'ai à faire avec une attitude où je ne gaspille rien pour ne pas avoir à manquer, veillant sur la flore et la faune en tant que gardien de l'élément terre. Une attitude qui t'est bien utile devant le ravage des pièges de la consommation. La négligence et le manque de soin me préoccupent et ton manque de réflexion risque de te voir bientôt prisonnière de tes propres agissements. Il est temps que tu prennes tes responsabilités et la pleine possession de qui tu es et de tes actes plutôt que de garder délibérément les problèmes enfouis. En travaillant le sol, je surveille aussi ta croissance. Arrachons ensemble les racines de ce qui te cause de l'inquiétude ou de l'incertitude, et allons au cœur de ce qui te fâche. Permets à la terre fertile de la magie de te restaurer avec les pas que tu fais pour prendre la défense de la terre et devenir une gardienne de ta vie et du monde qui t'entoure.

PRÉDICTION DU FAMILIER

Tu as la main verte. Une carrière de paysagiste te fait signe. Mets les mains dans la terre et travaille avec les fleurs et les parterres d'herbacées. Bêche une parcelle qui t'a été attribuée et fais-y pousser des légumes biologiques. Quelque chose de profondément enfoui va bientôt être révélé. Va à la racine du problème. Protège ce dont tu es responsable. Les détails sont à mettre en valeur. Travaille avec la magie de la terre et le pentagramme.

CONSEILS AUX SORCIÈRES

Allume une bougie noire et fais face au nord quand tu lances des sortilèges de la terre pour la prospérité, la protection, la sécurité et l'enracinement. Invoque les gnomes en mettant un bol de terreau et une plante en pot sur ton autel. Les gnomes sont les gardiens de ceux qui sont nés sous le signe zodiacal du Capricorne, du Taureau et de la Vierge.

GOBELIN

MALICE

Préjudice d'une vengeance à réprimander,
paroles de dépit, charabia.
Actions malveillantes, force obscure,
mauvaise intention, sans aucun remords.
Je fais appel au Gobelin pour m'aider
et utiliser pleinement ce pouvoir – qu'il en soit ainsi !

MESSAGE DU FAMILIER

Une forte essence de malveillance me pousse à parcourir la terre, et je sors donc du plus profond des mines pour traverser les montagnes et au-delà, juste par pure méchanceté. Voler des biens précieux comme l'or et les bijoux, et créer des conflits perpétuels entre les uns et les autres n'est pour moi qu'un jeu de manigances. C'est la même chose avec les bruits de pots et de casseroles, des meubles que l'on traîne, ou venir t'enlever tes draps en pleine nuit. Cependant, lorsqu'il s'agit d'intentions vicieuses, je suis une force de vengeance avec laquelle il faut compter. Ordonnée par une méchanceté vindicative, la revanche te cherche en ce moment. Car des arguments malveillants, de l'hostilité et de l'amertume ont engendré de l'animosité, et le sentiment de haine invite ouvertement à faire du mal. Que tu sois consumée par la malveillance ou la cible de crimes haineux, tu t'enfonces dans des pensées conflictuelles et ton caractère devient instable. Mon apparence grotesque vient te rappeler de considérer attentivement tes choix.

PRÉDICTIONS DU FAMILIER

Ne laisse pas l'amertume te causer du ressentiment. Une rancune a été poussée trop loin. Ne dis pas quelque chose que tu regretterais. Il est nécessaire de te protéger des pensées blessantes. Pardonne et oublie. Pose tes limites. Ne révèle pas tes faiblesses. Garde des pensées et paroles bienveillantes, positives et généreuses.

CONSEILS AUX SORCIÈRES

Les gobelins malveillants possèdent des capacités démoniaques et se servent de leur magie pour faire du mal. N'oublie pas qu'ils sont plus faibles quand ils sont seuls et qu'ils ont tendance à attaquer en nombre. La force est octroyée à celui qui est possédé par leur pouvoir. La magie du Gobelin n'est pas verbale quand il concentre ses pouvoirs sur des mauvais tours.

GRENOUILLE

CRÉATIVITÉ

L'imagination est la clé
pour tirer parti de sa créativité.
Ne coasse pas, sois courageuse, commence à créer,
sois inspirée, invente et innove.
Je fais appel à la Grenouille pour m'aider
et utiliser pleinement ce pouvoir – qu'il en soit ainsi !

MESSAGE DU FAMILIER

Pour prospérer dans ce royaume terrestre, il te faut être créative. Je le sais bien : nous, les grenouilles, sommes partout, de toutes tailles et couleurs, que ce soit pour nous fondre dans l'environnement ou pour faire contraste et attirer l'attention – selon ce qui est voulu. Tu vas nous trouver en tant que source d'inspiration d'histoires, et il y a même des personnes qui nous mangent ! Nous commençons notre vie sous une certaine forme et nous nous transformons en une autre. Tu as à présent l'occasion de créer quelque chose de nouveau, ou de grandir dans une version plus authentique de toi-même – de la même façon que d'infortunée, on devient princesse ! Et même s'il y a quelque chose que tu ne peux pas complètement changer, pourquoi ne le regardes-tu pas sous un angle différent : tu seras peut-être inspirée à y penser différemment, ou même incitée à trouver l'aide dont tu as besoin pour mieux le gérer. Arrête simplement de coasser sur les gens que tu n'aimes pas ou à propos de quelque chose qui t'ennuie, et fais un saut dans la foi pour approcher cette personne ou cette chose de façon différente.

PRÉDICTION DU FAMILIER

Redécore ta maison. Sois audacieuse. Réfléchis à une solution avec d'autres. Si tu es attirée par l'enseignement, c'est à présent le moment. Si tu t'intéresses à une médecine alternative, recherche un bon praticien de qui tu vas pouvoir apprendre. Un changement de carrière se profile, si tu le désires.

CONSEILS AUX SORCIÈRES

Crée une mare naturelle dans ton jardin pour attirer les grenouilles ; elles sont un excellent indicateur de la santé du jardin, elles contrôlent les nuisibles et sont aussi une source d'alimentation pour les oiseaux. Rêver de grenouilles symbolise des bénédictions : amour, prospérité, croissance et transformation spirituelle et émotionnelle.

GUÊPE

VENGEANCE

La vengeance est douce, elle n'échoue jamais.
Actions vindicatives, aiguillon à l'extrémité du corps.
Tourment vengeur sans se poser de questions :
il y aura des comptes à régler en retour.
Je fais appel à la Guêpe pour m'aider
et utiliser pleinement ce pouvoir – qu'il en soit ainsi !

MESSAGE DU FAMILIER

Me voilà ; prends le temps de bien me regarder. Ne suis-je pas une beauté remarquable, parfaitement formée pour infliger une bonne piqûre avec mon dard si tu te trouves sur mon chemin ? Et contrairement à mes cousines abeilles, je peux faire cela plus d'une fois – alors, fais attention. Tu dis que tu cherches à te venger de très mauvais agissements, de paroles particulièrement ignobles répandues sur toi, d'actes faits en ton nom, d'une blessure si profonde qu'à présent, c'est la colère et la rage qui te font agir. D'accord, je peux faire quelque chose, mais la vengeance prend de nombreuses formes et peut-être que ce que tu cherches vraiment, c'est que l'on te rende justice, que l'on dise la vérité, que ton nom soit lavé – et que la sortie du naufrage n'amène pas davantage de dégâts et de destruction dans ta vie. Penses-y sérieusement, car peut-être la meilleure façon de te venger est de te dresser au-dessus de ce chaos, de pardonner, de lâcher ce qui te fait mal et d'avoir pitié. Tu as tout le pouvoir qu'il faut pour cela ; c'est ta colère et tes blessures qui nourrissent le drame. Fais-les partir et tu introduiras dans la situation une énergie de transformation bien plus active que la douleur que je pourrais administrer avec tous mes efforts.

PRÉDICTION DU FAMILIER

Quelque chose que tu as semé est en train de revenir vers toi pour te piquer. Fais attention à ne pas enfreindre la loi pour te venger de quelqu'un. Rappelle-toi que la vérité se manifestera, aussi sois patiente et tiens bon pour l'instant. On est sur le point de faire appel à toi pour un délit ; c'est le moment d'être honnête et transparente.

CONSEILS AUX SORCIÈRES

Rêver que l'on est piqué par une guêpe indique la nécessité de regarder attentivement ce qui se passe autour de soi. Voir en rêve une guêpe construire son nid est un symbole de productivité et de succès dans la poursuite de ses buts.

HÉRISSON
DÉGUISEMENT

Le danger se profile, oublie toute fierté,
sauve-toi et essaie de te cacher.
Ton identité peut t'être volée,
elle est en sécurité dans un sanctuaire, dissimulée.
Je fais appel au Hérisson pour m'aider
et utiliser pleinement ce pouvoir – qu'il en soit ainsi !

MESSAGE DU FAMILIER

Caché dans des rondins ou sous un buisson, je fais de mon mieux pour rester hors de vue et me faire oublier, en me fondant dans mon environnement où je me mélange au sol du sous-bois, aux bordures des jardins, aux tas de feuilles… Toi aussi, tu devrais étudier la possibilité de faire profil bas pendant un moment ou d'endosser une personnalité tout à fait différente pour éviter que l'on te fasse du mal et t'épargner les conflits. Il y a des moments pour jouer du tambour et crier afin de faire entendre ta cause, de déclarer qui tu es et ce en quoi tu crois aussi audacieusement, mais à présent ce n'est pas le moment. Fais ce genre d'approche et tu vas attirer à toi des attentions mauvaises. Je n'ai qu'un seul prédateur et quand il vient menacer mon bien-être et ma survie, je ne vais pas parader devant lui, mais plutôt dissimuler ma présence au blaireau. Tu devrais faire pareil devant ceux qui veulent contrecarrer tes efforts ou même qui cherchent à te faire chuter en saisissant leur chance. C'est un temps de réflexion et de solitude, et le repos t'appelle. Prépare-toi bien dans ton sanctuaire : l'occasion de leur prouver qu'ils sont dans l'erreur va venir, mais pas aujourd'hui.

PRÉDICTION DU FAMILIER

Ce n'est pas ton combat ; reste en dehors de ça. Laisse à une ou à des personnes l'espace dont elles ont besoin et résiste à la tentation d'aller les aider. Elles te le demanderont lorsqu'elles y seront prêtes. Ton jardin a besoin que l'on s'en occupe, alors cherche un produit naturel pour éloigner les nuisibles. Fais attention à la façon dont tu abordes un sujet délicat avec ta famille ou avec des amis : quelqu'un se sent très irritable.

CONSEILS AUX SORCIÈRES

Encourage la présence de hérissons dans ton jardin : ils vont garder à distance les limaces et escargots et même les souris. Rêver de hérissons t'encourage à explorer tes visions ; cela indique que le rêveur peut voyager dans l'Arbre-Monde et voir de l'autre côté du Voile

LÉZARD

SURVIE

Ce n'est pas une bonne chose de se cacher dans le sable.
Sois solide comme un roc pour prendre position.
Fais ce qu'il faut pour te développer vraiment,
endurer et persister afin de survivre.
Je fais appel au Lézard pour m'aider
et utiliser pleinement ce pouvoir – qu'il en soit ainsi !

MESSAGE DU FAMILIER

Mon espèce a existé bien avant la tienne ; rappelle-toi de cela quand je te dis à présent de prendre toutes les mesures nécessaires pour garder la tête hors de l'eau ou voir un plan se mettre en place. Tu peux te sentir à bout de nerfs à propos d'un déménagement où tu n'en peux plus, ou d'une promesse de promotion qui ne vient pas, ou de l'argent que l'on te doit encore. Il se peut que tu aies perdu le sommeil devant de tels défis et même que tu remettes en question ton propre raisonnement, mais n'abandonne pas ! Prends position, apprends à connaître les lois et tes droits, et applique-les. Nous, lézards, avons appris depuis des millénaires à nous adapter et à prospérer là où nous nous trouvons. Et ce n'est pas par accident : grands ou petits, à écailles ou lisses, nous nous sommes familiarisés avec notre environnement et notre situation, et nous en faisons à présent partie. Tu dois dépasser l'obstacle qui se présente dans ta vie, quel qu'il soit actuellement, et si tu choisis de le faire, tu seras aidé par mon pouvoir pour maîtriser la situation et y survivre, afin que le résultat soit que toi aussi tu puisses prospérer.

PRÉDICTION DU FAMILIER

En prenant position, n'aie pas recours à la méchanceté ou la cruauté ; cela n'en serait que pire pour toi. Tes peurs et la façon dont tu les gères sont en train de se révéler. Tu te heurtes à quelqu'un qui semble froid et indifférent, aussi montre-lui de la tendresse et, si cela ne marche pas, montre-lui la porte.

CONSEILS AUX SORCIÈRES

Mettre une statue de lézard sur ton autel favorise à la fois l'endurance et le renouveau dans ta vie. Dans l'imaginaire, le Lézard aide la créativité de la pensée et de l'action. Rêver de lézards regonfle tes instincts de survie et t'encourage à être responsable de tes actes quand tu cherches à amener du changement.

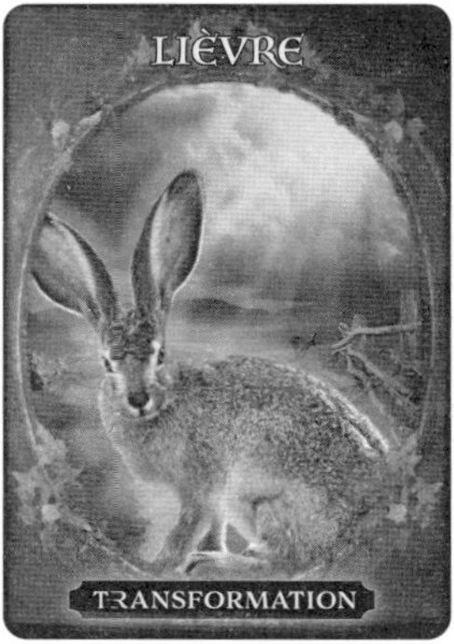

LIÈVRE

TRANSFORMATION

Désir de changement, choix à approuver.
Choses à modifier, à actualiser et améliorer.
Vite, un éclair de liberté t'attend !
Revois ton style pour te transformer, et fais à présent confiance au Destin.
Je fais appel au Lièvre pour m'aider
et utiliser pleinement ce pouvoir – qu'il en soit ainsi !

MESSAGE DU FAMILIER

Natif des îles britanniques, c'est moi le livreur du peuple sage[1], praticiens d'une sorte ou d'une autre, allant d'un endroit à l'autre quand ils prennent ma forme – car j'ai l'esprit vif, je suis insaisissable et je peux me rendre presque invisible. C'est ce que tu désires actuellement : pouvoir vaquer à tes occupations sans toute l'agitation et l'attention portée sur toi qui t'en empêchent en ce moment ou te causent des problèmes. Peut-être es-tu devenue ce que tu n'étais pas censée être ? La réputation et la fortune ont leur prix, et la notoriété s'amenuise vite. Tu désires un changement total : devenir quelqu'un d'autre ou vivre ailleurs, où tu peux être sincère envers toi, baisser ta garde et prendre les choses avec facilité. Fais appel à mon pouvoir à présent pour t'aider à parvenir à une nouvelle liberté, que ce soit simplement une façon différente d'envisager les choses ou une transformation véritable de ta vie. Je vais t'aider à rechercher les personnes qui peuvent te soutenir pour cela, en te guidant et te donnant des conseils. Suis mon chemin et les choix se présenteront d'eux-mêmes à toi en avançant – mais veille à bien le suivre. Je me repose rarement longtemps et cette occasion ne va pas durer.

PRÉDICTION DU FAMILIER

Il est nécessaire de prendre d'urgence une décision. Tu peux rester là où tu es ou bien essayer de t'engager sur un territoire qui t'est inconnu. Rencontrer de nouvelles personnes va t'ouvrir les yeux sur tes besoins et désirs véritables. Sois active : ne rien faire n'est pas un choix.

1. *Wise folk* : hommes et femmes de sagesse, les sorciers et sorcières.

CONSEILS AUX SORCIÈRES

La reine guerrière, Boadicée, libérait un lièvre de sa tunique peu avant une bataille comme un augure que la voie du lièvre la mènerait à la victoire. Suis un lièvre, mais ne l'attrape pas, car sinon les lièvres ne te montreront plus jamais d'autres merveilles.

LOUP

COMMUNICATION

À s'époumoner, on n'est pas entendu,
parle clairement en prononçant chaque mot.
Communique, échange les informations,
fais passer le message à toute la nation.
Je fais appel au Loup pour m'aider,
et utiliser pleinement ce pouvoir – qu'il en soit ainsi !

MESSAGE DU FAMILIER

Je suis là dans l'ombre, en train d'observer et d'attendre que tu appelles pour t'éloigner des loups déguisés en moutons qui te dévoreraient. Tu as couru dans la même meute pendant trop longtemps et le manque de communication entre vous est en train de te décourager et de t'amener dans une mauvaise direction. Il est temps pour toi de suivre seule ton chemin pendant un moment – mais peut-être aimerais-tu que je t'accompagne, car je ne suis pas un aussi gros méchant qu'on le dit, tu sais. Oublie les opinions des moutons du troupeau ; tu es quelqu'un de bien trop spirituel pour les suivre. Au contraire, aie confiance dans ta vraie nature et cours à nouveau librement comme un loup solitaire, pour rechercher la connexion à la nature et à l'esprit. Du haut de la montagne, je t'offre de venir me rejoindre et d'agir avec moi. Hurlons ensemble à la pleine lune, alors que tu lui déclares tes véritables motivations et intentions. C'est un bon moment pour faire une quête de vision afin de chercher les réponses aux questions qui te travaillent et de communiquer tes messages avec force et courage, en anéantissant de tout ton pouvoir les rumeurs et les obstacles. N'abdique jamais.

PRÉDICTION DU FAMILIER

Prends position contre ceux qui voudraient te contrôler. Fais très attention à tes instincts. Mise sur la liberté. Une incompréhension cause des problèmes. Un secret est partagé. Sois concise dans tes paroles. Le but de ta vie implique de parler en public.

Romulus et Rémus ont été élevés par une louve à Rome. Ce fut aussi le cas du roi suprême d'Irlande, Cormac Mac Airt. Les loups-garous ont fait leur apparition en même temps que les procès aux sorcières. On dit que ceux qui sont maudits ou mordus par un loup-garou ont la capacité à se métamorphoser en loup.

LOUTRE

DEXTÉRITÉ

Viens t'amuser, glisser et te faufiler,
t'habituer aux trempettes rapides et fraîches.
L'agilité d'esprit garde sage,
alors que la compétence et le talent ont un prix.
Je fais appel à la Loutre pour m'aider
et utiliser pleinement ce pouvoir – qu'il en soit ainsi !

MESSAGE DU FAMILIER

C'est un miracle que je sois venue à toi, si l'on considère que mon espèce est en voie de disparition dans les rivières depuis quelque temps. Cependant, notre futur devrait être plus brillant puisque nous nous adaptons aux changements de notre environnement et que nous nous servons de nos qualités d'adaptation pour survivre. Viens glisser avec moi sur les rochers, c'est mon passe-temps favori et tu devrais ajouter le jeu à ton emploi du temps chargé, ainsi que la fluidité. Je peux voir que, tout comme moi, tu es habile quand il s'agit de travailler avec tes mains. Le savoir-faire que tu recherches va venir, mais seulement avec de la pratique, encore et encore. C'est la seule façon d'y arriver, si tu souhaites améliorer ou garder tes compétences. Tu es née avec un grand talent, mais au lieu de te laisser porter, souviens-toi que tu as besoin d'affiner tes dons pour être sûre qu'ils soient fluides et efficaces. Je vais t'attraper fortement la main, dès que la nervosité prend le dessus et que tu subis la pression de bien faire.

PRÉDICTION DU FAMILIER

Tu as le potentiel d'une championne. Nourris tes talents et partage-les avec d'autres. La pratique est la façon de se perfectionner. Travaille avec le sens de l'efficacité. Sache que tu es capable. Pense comme une gagnante. Donne-toi à fond. Prends soin de tes mains. Accorde-toi davantage de crédit. Regarde ce que tu as déjà accompli. Sois prompte à réagir. Étudier pour passer un examen ou un test donne des résultats. Garde des limites sur les plans spirituel et personnel.

CONSEILS AUX SORCIÈRES

Les loutres sont des maîtres du jeu, et elles nous connectent aux énergies féminines de l'eau. La magie de la Loutre renforce l'intuition et l'empathie. Travaille avec cette magie pour avoir une protection si tu te sens noyée par les vagues émotionnelles des autres.

LUTIN

PROTECTION

Invitation à travailler dans la nuit.
Tâches à accomplir en étant hors de vue.
Protection en place, secrets à garder.
Dans l'âtre et la maison, en sécurité pour dormir à présent.
Je fais appel au Lutin pour m'aider,
et utiliser pleinement ce pouvoir – qu'il en soit ainsi !

MESSAGE DU FAMILIER

Le danger guette au plus sombre de l'ombre : en effet, des forces extérieures exigent que tu sois à présent sur tes gardes. Planchers qui grincent, bruits effrayants et chuchotements fantomatiques ne sont pas des compagnons réconfortants la nuit, et ta vulnérabilité aux actions des autres te donne la sensation d'être menacée. Permets-moi d'être avec toi lorsque tu te retires en toi, pour préserver tout ce à quoi tu tiens. En tant que gardien de l'âtre et de ta maison, invite-moi à passer le seuil afin de protéger tout ce qui est sacré pour toi. En employant ma petite magie de lutin de façon non conflictuelle, je t'offre d'être éternellement à ton aide si tu me permets de vaquer tranquillement à mes affaires. Pendant que je veille sur le feu qui brûle et que j'accomplis au milieu de la nuit les tâches qui ne sont pas terminées, tu peux te reposer dans ton lit, en toute sécurité, car je crée des barrières protectrices pour éloigner les visiteurs indésirables et sauvegarder tes secrets. Cependant, si tu me traites mal ou essaies de m'aider, je m'en irai ou me transformerai en épouvantail malicieux.

PRÉDICTION DU FAMILIER

Sers-toi du symbole du pentagramme comme protection. Garde tes secrets contre ton cœur. Travaille en solitaire. Fais attention aux énergies négatives. Prends de nouvelles précautions pour sécuriser ta maison. Le temps est venu de défendre ton honneur et tes convictions. Fais passer en premier la protection de ta famille. Tu es en sécurité.

CONSEILS AUX SORCIÈRES

Les lutins protègent ce qui est sacré pour toi, depuis ta maison et ta famille jusqu'à tes convictions. Travaille avec leur magie pour garder discrètement quelque chose. Laisse en offrande un bol de crème auprès de l'âtre. Les lutins n'aiment pas qu'on les voie, ils n'acceptent pas non plus de recevoir de l'aide ou des éloges en retour des tâches qu'ils accomplissent pour le foyer. Ils vont s'en aller s'ils se sentent insultés.

MERLE

PRÉSAGES

Là où est le merle, les présages sont de tous côtés.
Ses chants dans l'obscurité, au cœur de la nuit, écoute-les.
Des messages secrets y sont cachés, des signes mystiques – plein –
tournés vers le futur, pour rendre la vie magique !
Je fais appel au Merle pour m'aider
et utiliser pleinement ce pouvoir – qu'il en soit ainsi !

MESSAGE DU FAMILIER

Je suis venu dans ta vie en ce temps favorable pour te montrer les signes, présages et symboles qui attendent de se manifester. Je vais t'aider et te guider dans ton voyage personnel entre les mondes pour que tu puisses redécouvrir la signification mystique de tes prémonitions. Tu es une vieille âme qui porte en elle des secrets cachés, sous le voile de dissimulation qui t'entoure. Beaucoup ne te comprennent pas parce que tu es différente, une figure solitaire dont se moquent ceux qui ne reconnaissent pas ta façon de vivre. Le temps est venu de t'engager dans l'inconnu et de découvrir le monde nouveau qui t'attend. Tu ne seras plus dans l'ombre, cachée dans des endroits improbables ; tu seras à ciel ouvert avec une voix toute nouvelle. Tes paroles ont du pouvoir quand tu accueilles pleinement les présages et les visions qui te viennent avec une clarté et une détermination retrouvées. Emplie d'un courage inébranlable et avec résilience, tu vas avancer dans le monde, non plus en « le survolant », mais plutôt en chantant le retour de ton âme avec le chant du Merle au cœur de la nuit.

PRÉDICTION DU FAMILIER

Dis ta vérité sans être réduite au silence. Fais confiance à ton intuition. Fais attention aux avertissements et sois vigilante sur les signes autour de toi. Reconnais ton potentiel en tant que chercheuse de connaissance et sagesse. Les choses ne vont pas tarder à changer pour le mieux.

Trois plumes en cadeau pour révéler des secrets. Les visions d'un merle dans le travail du rêve viennent prévenir d'un danger. Un merle qui vole dans les rêves est porteur de chance. Mettre une plume dans tes cheveux aide à renforcer l'intuition et à lancer des sortilèges. Les familiers de la déesse Rhiannon sont trois merles ayant des dons et qui aident ceux qui cherchent à avoir accès aux secrets de magie.

MOUCHE

MALADIE

La contamination répand la maladie,
les germes, les bactéries déplaisantes.
Saleté, décomposition, infection – non !
Nettoie pour enlever ce qui pourrit.
Je fais appel à la Mouche pour m'aider
et utiliser pleinement ce pouvoir – qu'il en soit ainsi !

MESSAGE DU FAMILIER

Ma présence suscite en général l'inconfort, la répugnance et le dégoût. Tu essaies de m'écraser, car je te rappelle ce qui est sale, la nourriture avariée, ce qui pourrit, et même la mort. La plupart des gens me voient comme une présence qui répand la maladie, et qui est responsable de leur mauvaise santé. Eh bien, c'est vrai que si tu laisses traîner des choses dégoûtantes, je me pose dessus et je n'ai pas d'autre choix que d'en prendre un peu avec moi… Pour autant, je suis loin d'être la cause de tes maladies : je suis simplement un indicateur que quelque chose ne va pas sur le plan physique. Tu ne prends pas soin de toi ou de ton environnement comme tu le devrais. Quand nous volons en groupe, il devient très clair que des problèmes sont en train d'advenir : quelque chose s'abîme, est en perdition ou est déjà périmé. Je t'apparais à présent de façon métaphorique pour te dire que tu as besoin de mettre en ordre ton intérieur émotionnel et spirituel ; fais un nettoyage de printemps et enlève ce qui est en train de se dégrader ! Arrête d'envenimer les choses que tu ne peux pas changer et concentre-toi sur ce qui est bon pour toi : nourriture saine, exercice, méditation, esprit positif, et disposition à laisser partir ce qui ne t'est plus utile.

PRÉDICTION DU FAMILIER

Évite les ragots, la spéculation et la rancune. Mange davantage de choses fraîches – cherche un peu… Va à la racine du problème et résous-le. Recherche un avis médical si tu ne te sens pas bien (que ce soit en homéopathie ou en allopathie).

CONSEILS AUX SORCIÈRES

La lavande et l'hamamélis sont tous deux d'excellents répulsifs naturels contre les mouches. Entretiens la propreté et la fraîcheur de ta maison avec du bicarbonate et du jus de citron dans un peu d'eau : sers-toi de ce mélange comme nettoyant pour la cuisine, la salle de bains et les tapis. Rêver de mouche indique que, aussi mauvaise que soit la situation à laquelle tu es confrontée, ce qui est là peut être transformé en quelque chose de valeur et d'utile.

NAIN

INGÉNIEUX

Métaux, cristaux, alignements de pierres,
extraction de ressources habilement prélevées.
Symboles runiques gravés sur les outils,
ingénieux, sage, et pas pour les idiots.
Je fais appel au Nain pour m'aider
et utiliser pleinement ce pouvoir – qu'il en soit ainsi !

MESSAGE DU FAMILIER

Astuce, résilience et acceptation sont mes outils lorsqu'il s'agit d'un travail magique d'une grande efficacité. Confrontée à un problème ou à une situation délicate, pour trouver des alternatives ou des solutions de remplacement, tu es invitée à avoir l'esprit vif, à être intelligente et brillante. En maîtrisant l'aptitude à traiter les choses sur le plan émotionnel tout autant qu'intellectuel, je peux t'aider à réussir ce que tu as à faire, contre vents et marées. Mon savoir et ma solide concentration sont les moyens dont je me sers quand il s'agit de travailler avec l'Art, et je vais t'apprendre à affiner tes qualités moins admirables que sont l'orgueil, la cupidité et l'entêtement, pour obtenir ce que tu veux, même quand les choses te semblent impossibles. Comme tu vas devenir plus résistante aux influences extérieures, je vais te faire cadeau de deux pierres magiques. Dès que tu te sens maudite, ensorcelée ou en crise, choisis avec sagesse entre la force et l'invisibilité dans ta quête pour triompher des difficultés.

PRÉDICTION DU FAMILIER

Un métier avec le travail des métaux t'appelle. Étudie l'alphabet runique scandinave pour faire de la divination. Travaille avec les cristaux pour faire des soins. Ne te procure que des cristaux qui ont été extraits de façon respectueuse. Grimpe dans les hauteurs pour te connecter aux esprits de la montagne. Arrête de t'entêter. Étudie l'alchimie. Tu as la capacité de rebondir. Vas-y !

Artisans doués et forgerons, les nains sont les soutiens des dieux nordiques et les aident de leur sagesse et habileté. Réfractaires à la magie de base, les nains travaillent aux manipulations magiques à l'aide des runes. Inscris un symbole runique de protection sur une obsidienne noire pour bénéficier de la bonne garde des nains contre les chaos dus à la magie.

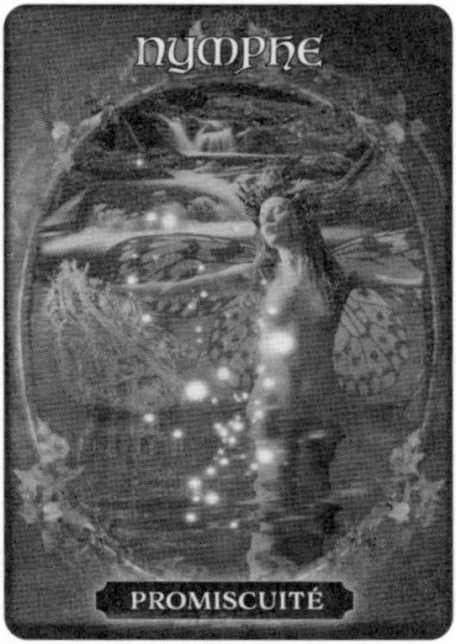

NYMPHE
PROMISCUITÉ

Amants potentiels attirés par un charme,
ignorant les périls, les pièges, les blessures.
Péché érotique, sexy, luxurieux
qui invoque la sirène au plus profond de soi.
Je fais appel à la Nymphe pour m'aider
et utiliser pleinement ce pouvoir – qu'il en soit ainsi !

MESSAGE DU FAMILIER

Est-ce que ma séduisante beauté te captive ? Es-tu ensorcelée par mon apparence enchanteresse ? Je tire fierté de mon apparence éblouissante et mes longues tresses souples représentent ma sexualité indomptée – tout cela fait partie de mon charme pour te séduire. Dès que tu manques de confiance en toi ou que l'intimité t'intimide, laisse-moi nager auprès de toi pour enflammer ta sensualité et tes pouvoirs de séduction. Néanmoins, mon don ne t'autorise pas à te lancer dans la débauche ou le libertinage, ce qui pourrait t'amener à affronter le jugement moral, la honte et la stigmatisation. La magie de la Nymphe est d'une grande profondeur et d'un grand soutien émotionnel, alors voyage avec moi pour discerner et guérir la source de tout comportement charnel trop permissif et impur : je vais te restaurer par le soin que tu vas prendre de toi, le respect et l'amour de soi. Avec les vagues qui s'écrasent autour de toi, je t'incite à simplement écouter. Car c'est dans la tranquillité que tu vas trouver le temps de réfléchir. Plonge donc profondément en toi pour suivre les méandres de ta vérité, en nageant vers ta liberté sexuelle.

PRÉDICTION DU FAMILIER

Suis le courant et laisse se manifester ta sensualité naturelle. Une proposition attirante est une belle prise. Consulte un sexologue. Une tendance à la promiscuité découle d'un abandon précoce. Accueille pleinement ta valeur pour avoir davantage confiance en toi. Tu n'as pas besoin d'être soumise pour que l'on te considère – mais juste de dire un bon gros « non » !

CONSEILS AUX SORCIÈRES

Les nymphes aquatiques sont appelées naïades et règnent sur les endroits d'eau vive comme les fontaines, ruisseaux, cascades et sources. Allume une bougie bleue et fais face à la direction de l'ouest quand tu lances des sortilèges de la magie des nymphes. Circé, déesse grecque de la magie, était une enchanteresse et une nymphe.

PAPILLON

FRAGILITÉ

Les moments précieux sont fugaces,
si fragiles, comme un papillon.
Repose-toi, renais parmi les fleurs,
adapte-toi aux pouvoirs de la transformation.
Je fais appel au Papillon pour m'aider
et utiliser pleinement ce pouvoir – qu'il en soit ainsi !

MESSAGE DU FAMILIER

Consumée par les tourments de la longue nuit noire de l'âme que tu as traversée, la vie a perdu son sens et t'a laissée complètement brisée. Une situation plutôt délicate te fait te sentir exposée, fragile dans ta tendresse, et l'issue menace d'être incertaine. Alors que tu es devant un grand néant sombre avec le vide pour seule et indésirable compagnie, permets à ton esprit de s'élever par la danse que font mes fines ailes autour de toi. Je suis ici pour te rappeler que, pour être pleinement vivante, tu dois accepter de laisser mourir les vieilles parties de toi, encore et encore. Ayant traversé l'obscurité, tu es prête à présent à émerger et être transformée dans la lumière, à garder l'équilibre entre l'énergie de l'ombre et celle de la lumière. Vole avec moi pour accueillir à la fois la beauté et la douleur qu'amène la vie, même éphémères, et fais en sorte que le plus fragile des moments soit pleinement vécu.

PRÉDICTION DU FAMILIER

Sois douce avec toi. Tu peux sentir que tu es loin d'être parfaite. Prends des mesures pour guérir et réparer. Les papillons indiquent une transformation, une libération et une inspiration créative à venir pour toi. Tu es à la fin d'un cycle. Un nouveau commencement t'attend. Il est temps d'être insouciante. Libère-toi de toute restriction que tu t'es imposée et que tu sens qui t'encombre à présent.

CONSEILS AUX SORCIÈRES

Quand une sorcière voyage dans l'astral, son esprit sort de sa bouche sous la forme d'un papillon. Travaille avec les sortilèges du Papillon pour attirer l'amitié, la liberté et la fertilité. Ne tue jamais un papillon blanc, car il est le véhicule de l'âme après la mort. Crée un jardin de papillons en plantant des buddléias pour les attirer ou en portant des symboles qui renforcent la magie du Papillon afin de transformer ta vie.

PAPILLON DE NUIT

AVERTISSEMENT

Message ailé qui traverse les airs.
Agis avec prudence, sois vigilante.
Parole d'avertissement, tiens-en compte.
Le danger se cache dans un sortilège obscur.
Je fais appel au Papillon de nuit pour m'aider
et utiliser pleinement ce pouvoir – qu'il en soit ainsi !

MESSAGE DU FAMILIER

Prends garde, car tu cours le grand danger d'être prise au piège et tu pourrais te brûler les doigts dans l'histoire. Tu es menacée par un danger : il te faut éviter de prendre des risques, ou bien approcher la situation avec une extrême prudence. Comme un papillon de nuit qui s'approche d'une flamme, tu t'es trouvée aveuglée par les lumières d'une duperie, ce qui est bien sûr un choc brutal. Il se peut que tu ne m'aies pas reconnu dans l'ombre, mais je suis un maître du camouflage et tu vas te retrouver bernée à chaque fois que tes peurs feront obstacle. Ma prudence vient te rappeler que de vouloir toujours voir le bon chez les autres peut avoir un coût. Sois vigilante et observe bien ce qui se passe actuellement, car la vérité sur un sujet t'est dissimulée. En émergeant de l'obscurité, je vais jeter une lumière nouvelle sur la situation, et une recherche que tu vas faire va t'amener l'information qui te manquait précédemment. Laisse-moi te ramener sur le bon chemin pendant que nous déterminons qui et ce qui t'attire dans la vie. En même temps que tu te débarrasses de tout ce qui ne t'est pas utile, tu n'es plus la proie des autres.

PRÉDICTION DU FAMILIER

Fais preuve de discrétion, comme la meilleure valeur qui soit. Ne laisse personne entrer dans ta vie avant de savoir qui il est. Reconnais tes propres faiblesses et deviens audacieuse et courageuse. Ne sois pas aveuglée par la lumière. Un nouveau chapitre de ta vie vient juste de commencer.

CONSEILS AUX SORCIÈRES

Si des papillons de nuit volent autour de ta porte ou dans l'entrée, fais attention à qui tu laisses entrer chez toi. Des papillons de nuit autour de toi signifient que les ancêtres t'amènent amour et protection. Le Papillon de nuit indique que tu es à la croisée des chemins d'un important changement. Les papillons de nuit s'orientent avec la lune, en traversant l'obscurité pour aller dans la lumière.

PHOQUE
VULNÉRABILITÉ

Isolement, gelée de froid,
susceptible d'être blessée et de douter.
S'il y a un risque et que tu es paralysée par le froid,
nage au loin, à présent forte et courageuse.
Je fais appel au Phoque pour m'aider
Et utiliser pleinement ce pouvoir – qu'il en soit ainsi !

MESSAGE DU FAMILIER

Tes instincts de survie t'ont mise à l'écart, et les événements récents te laissent dans l'impuissance et en proie au froid. Ta sensibilité grandissante t'a fait ressentir des meurtrissures et elle te rend susceptible d'être émotionnellement blessée : on peut te voir comme une proie facile. Être ouverte à la critique, aux attaques verbales et aux jugements t'a mise à la merci de tes propres doutes, peurs et incertitudes qui ne font que te décourager dans tes résolutions. Laisse-moi chasser de ta vie ceux qui ne s'avancent pas pour te protéger. Il est temps de te faire une peau coriace, de rester pleinement vigilante et de ne pas être si crédule. Mais déjà, essaie de ne pas agir avec une telle prudence, car les réactions défensives peuvent repousser des personnes qui seraient bonnes pour toi. Même s'il y a des forces d'opposition en jeu, tu n'as pas nécessairement à te battre contre elles à tout bout de champ. Au lieu de te noyer dans l'auto-apitoiement, suis le courant. Te tenir à l'écart en étant fidèle à l'être unique que tu es fait la séparation avec ceux qui voudraient te faire couler, et c'est essentiel à ta survie actuellement.

MESSAGE DU FAMILIER

Ne prends jamais la gentillesse pour de la faiblesse. Il se peut qu'un projet soit en danger. Une relation n'est pas ce que tu crois qu'elle est. Tu es facilement influencée. Quelqu'un a une emprise sur toi. Pardonne-toi et pardonne aux autres. Les émotions mènent la danse. Les blessures passées affectent le comportement envers les autres. Protège-toi davantage !

CONSEILS AUX SORCIÈRES

Quand les doigts de Sedna ont été coupés, ils sont tombés dans l'eau et sont devenus les phoques et autres créatures marines, l'immortalisant en tant que déesse de la mer des Inuits. Voir des phoques en rêve indique que l'on aura de l'aide et de l'assistance dans des affaires financières. Travaille avec la magie du Phoque pour ne plus être si susceptible d'être blessée. Lancer des sortilèges du Phoque rend les ennemis vulnérables aux attaques.

PIE
ADDICTION

Tout ce qui brille attire l'œil.
Des substances pour planer haut.
Il faut éviter la tentation éblouissante.
La fixation amène la destruction.
Je fais appel à la Pie pour m'aider
et utiliser pleinement ce pouvoir – qu'il en soit ainsi !

MESSAGE DU FAMILIER

Tout ce qui brille n'est pas d'or, comme mon regard perçant va l'attester. Ton obsession de posséder ce que tu désires est en train d'échapper à ton contrôle. Ta quête continuelle pour atteindre les plus hauts sommets peut te faire tomber bas et loin du nid. Tout ce qui étincelle attire mon attention : ne crois pas que je ne vais pas faire un piqué pour faucher ce que tu convoites. Mon avertissement te dit de ne pas être aveuglée par ce qui t'éblouit, car tes tendances à adorer des idoles bien matérielles t'ont amenée à croire dans de faux idéaux imposés par la pression de tes pairs ainsi que par les médias. Des addictions dangereuses entrent dans tes habitudes, et toi comme d'autres, vous pouvez vous trouver en danger du fait de ta fixation. Mon regard aigu décèle tes envies et schémas destructeurs. Aussi laisse-moi mettre en œuvre un peu de magie de Pie pour amener de l'équilibre dans ta vie alors que tu réévalues tes priorités.

PRÉDICTION DU FAMILIER

Tu as une personnalité qui a tendance à l'addiction. Remonte à la racine de tes envies compulsives. Lâche les bagages émotionnels. Il y a quelqu'un dont le comportement est à traiter. Ne prends pas de risques au détriment des autres. Un bijou de valeur apparaît. Rejoins un groupe de soutien pour t'aider dans ton addiction.

CONSEILS AUX SORCIÈRES

Pour faire face à des situations difficiles, prends une plume de pie et fais-en un collier ou une amulette de protection. Porte-la pour avoir de l'audace et affronter tes peurs. Utilise un bouquet de plumes de pie attachées ensemble pour balayer énergétiquement l'espace de ton autel ou le seuil de ta maison. Fais appel à la déesse Hel et à la Pie quand tu as besoin d'équilibre.

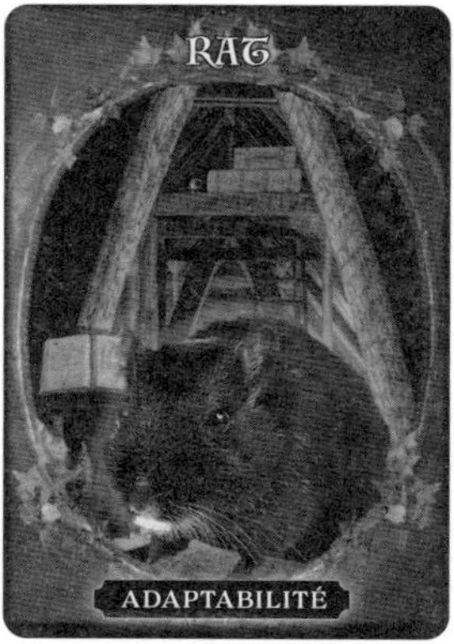

RAT

ADAPTABILITÉ

Cours à toute allure pour éviter la tempête,
ou adapte-toi, ajuste-toi, conforme-toi.
Un changement forcé peut être dramatique,
comme l'est la magie du rongeur dans le grenier.
Je fais appel au Rat pour m'aider
et utiliser pleinement ce pouvoir – qu'il en soit ainsi !

MESSAGE DU FAMILIER

Où que tu sois, tu n'es jamais très loin de moi ; à quelques pas de toi, dans le sous-sol, dans les égouts, niché dans la grange ou le grenier des maisons, ou dans des cavités du toit. Tu peux juste entrevoir parfois une queue ou m'entendre fureter. Je suis un maître de l'adaptation et je peux parfaitement me débrouiller dans n'importe quelle situation. Aussi, lorsque tu te trouves forcée à faire un changement soudain et indésirable, c'est vers moi que tu dois te tourner et c'est mon avis que tu dois suivre. Tirer le meilleur parti du tour difficile que prennent les événements est un art ; traiter avec de nouvelles personnes est une compétence ; et obtenir des informations sur ces deux choses est le message de cette carte. Apprends davantage à connaître ton environnement avant de t'y attaquer ou de te plaindre que c'était mieux avant ; tu pourrais être agréablement surprise. Apprends tranquillement à connaître ces nouvelles personnes qui sont dans ta vie avant de poser un jugement ou d'abonder dans les rumeurs et les ragots : tu peux découvrir qu'elles ont beaucoup à t'enseigner et qu'elles sont bien plus susceptibles de devenir rapidement tes amis que tes ennemis.

PRÉDICTION DU FAMILIER

Un dépaysement te fait le plus grand bien. Ne te contente pas de dépenser encore et encore – répare et fais avec ce qui est là ! Au lieu d'éviter une âme en difficulté, demande si tu peux l'aider. La perte que subit quelqu'un sera un gain pour toi. Rappelle-toi qu'un bon rangement et un coup de peinture font merveille ; il n'est pas nécessaire de déménager.

CONSEILS AUX SORCIÈRES

Rêver d'un rat mort indique que tu te sens submergée et qu'il est temps de chercher de l'aide. Rêver d'un rat vivant est le signe que tu peux triompher de tes peurs. Dans le travail des anciens sortilèges, on faisait appel au Rat quand la sagesse ou la créativité étaient nécessaires : travaille avec sa magie quand il est nécessaire d'avoir de la sagesse ou de penser de façon créative.

RENARD

RUSÉ

La tromperie est annoncée par le rêve d'un renard.
On ne va pas te duper, tu dois planifier et organiser.
Avec un houssoir broussailleux et un manteau rouge, stupéfiant,
sers-toi de la magie du filou pour être plus rusée.
Je fais appel au Renard pour m'aider
et utiliser pleinement ce pouvoir – qu'il en soit ainsi !

MESSAGE DU FAMILIER

Être astucieux et rusé est ma spécialité, car mes façons roublardes d'agir sont suffisamment malignes pour repousser ou briser les envoûtements de magie noire. Dans des moments comme ceux-là, tu peux souhaiter faire appel à moi pour réfléchir vite et t'adapter, en particulier si tu es prise au piège, traquée ou poursuivie. Mon triple aboiement rauque et mes cris à glacer le sang qui résonnent dans la nuit t'incitent à être rapide, habile et futée, en employant un chemin détourné. Reste à l'affût, car d'intrigantes pistes peuvent apparaître, et tu pourrais te retrouver dans un profond trou noir. Néanmoins, manipuler un peu ne te fera pas de mal si tu es souple et astucieuse, et tu peux te rendre compte bientôt que l'inventivité créative te vient comme une seconde nature pour avoir les résultats que tu désires. Il est temps de t'engager dans le rôle de femme habile[1] pour maîtriser quelque peu la magie sournoise du Renard et la sagesse du folklore des temps jadis.

PRÉDICTION DU FAMILIER

Agis avec précaution quand le Renard apparaît dans tes rêves. Examine attentivement la situation. Ne te précipite pas dans une relation. Aborde la vie avec passion. De la malveillance t'avertit de te retirer. Tu as été trompée. Il y a des actions qui sont sournoises et dangereuses, et quelqu'un qui n'est pas digne de confiance. C'est le moment pour toi de faire quelques manigances afin de récupérer ce qui est à toi de droit. Ta sensibilité

1. *Cunning woman*, qui peut se traduire par « tradipraticienne ». Ce terme désignait les guérisseuses traditionnelles.

surnaturelle est aiguisée. Étudie la magie populaire et les remèdes de plantes pour soigner.

CONSEILS AUX SORCIÈRES

Travaille avec la magie du Renard pour comprendre la tromperie, accroître ta vigilance et ta réactivité et intervenir dans les situations délicates. Le *kitsune* (renard japonais) possède des facultés surnaturelles et se métamorphose en humain pour nous tester et nous piéger.

ROITELET

ÉVEIL

Réveiller tout un chacun le matin
avec des chants harmonieux à l'aube.
Observer pour distinguer et comprendre.
L'éveil se lève sur la terre.
Je fais appel au Roitelet pour m'aider
et utiliser pleinement ce pouvoir – qu'il en soit ainsi !

MESSAGE DU FAMILIER

Je suis peut-être petit, mais j'ai un grand message pour toi. Vas-tu écouter ou bien continuer à garder la tête dans les nuages pour faire barrage à mon chant joyeux ? Tu t'es tellement activée à essayer de réussir dans tes buts personnels que ta sensibilité à la nature s'est émoussée. Ton esprit ne cesse de travailler pour atteindre les hauteurs vertigineuses auxquelles tu aspires. Ma mission est d'élever ta conscience afin que tu puisses observer tes propres perceptions et comprendre les appréhensions des autres. Tu es courageuse et tu as besoin de vivre ta vie avec légèreté. Il est temps pour toi de sortir de ta zone de confort et d'être vigilante aux messages que tu reçois de l'esprit pour inspirer ton entourage. Sois le catalyseur ; amène les autres à ouvrir leur esprit à des possibilités différentes et à ne plus séparer les mondes matériel et spirituel. Il est temps de rayonner, de changer de direction et de suivre les vents de la réalisation de soi qui te font entrer dans une nouvelle conscience.

PRÉDICTION DU FAMILIER

Élargis ta conscience. Sois désireuse de partager ta connaissance avec d'autres. Observe ce qui est en train de se passer. Vis pleinement ta vie. Recherche toutes les ressources voulues pour mener à bien ta tâche. Rejoins un groupe de chant ou de danse. Il est temps de te faire de nouveaux amis et de te construire de nouvelles relations. Change ta perception des choses. Une nouvelle conscience voit le jour.

Fabrique-toi un collier ou des boucles d'oreilles de protection avec des plumes de roitelet. Dépose un crâne de roitelet sur ton autel pour faire appel à la sagesse ancestrale. Si tu vois de près un roitelet, c'est un signe de bonne fortune. Si tu entends un roitelet appeler par trois fois, tes rêves vont se réaliser. Dans la mythologie celtique, le roitelet est associé à Taranis, le dieu-taureau de la foudre et du tonnerre.

SANGLIER
FÉROCITÉ

Porcs sauvages et phacochères,
agressivité et colère entremêlées.
Libère la force impitoyable de la fureur,
fais avec ou affronte la justice !
Je fais appel au Sanglier pour m'aider
et utiliser pleinement ce pouvoir – qu'il en soit ainsi !

MESSAGE DU FAMILIER

Ce n'est pas souvent que tu vas me voir ou même me sentir tout près de toi, car je suis habituellement plus heureux dans ma seule compagnie, au fin fond de l'obscurité des forêts. Cependant, je te fais à présent ressentir ma présence, avec mes défenses luisantes et mes yeux rouges, parce que ce que tu as permis doit à présent se terminer ! La colère est au fond de toi, mais, à travers moi, tu peux la canaliser pour la libérer de façon très efficace. Je vais faire des dégâts : je vais instiller la peur et te protéger de la douleur en la retournant contre ceux qui te l'ont infligée. Je peux dévorer tout ce qui est organique, de la chair aux os, et de la sorte, je vais m'assurer que ceux qui t'ont fait mal ne pourront plus le faire. Je peux déraciner les problèmes et questions – même en toi –, les faire remonter à la surface et te donner le courage et la force d'enfin les affronter et t'en occuper. Mais s'il te plaît, ne viens pas me chercher pour de petites histoires ou de simples querelles, ni pour une vengeance malveillante, car je la retournerais tout aussi facilement… contre toi.

PRÉDICTION DU FAMILIER

Résiste à ton ennemi. Un cri primal demande à être libéré. Lance-toi dans un art martial pour canaliser ton pouvoir physique. Apprends à discerner entre les petites histoires de la vie et les événements qui changent la vie. C'est bien de tout laisser sortir à présent.

CONSEILS AUX SORCIÈRES

Le Sanglier est un ancien symbole du guerrier et un talisman dans les conflits. La déesse nordique Freya chevauchait son fidèle sanglier, appelé Hildesvini, pour se lancer dans la bataille. Dans les rêves, un sanglier représente l'affirmation de soi et l'affrontement, ce qui suggère que tu es en train d'apprendre à faire face à tes peurs avec enthousiasme.

SERPENT

RENAISSANCE

Tendances à attaquer et mordre,
dépouille-toi du passé, c'était le combat d'hier.
Transmute l'ancien et cherche à évoluer,
le changement dans cette période de transition fait renaître
ta détermination.
Je fais appel au Serpent pour m'aider
et utiliser pleinement ce pouvoir – qu'il en soit ainsi !

MESSAGE DU FAMILIER

Je me suis faufilé tout du long pour amener des changements majeurs dans ta vie, et j'ai remarqué que tu as des difficultés à laisser partir le passé. Cependant, je sais d'expérience que si tu ne te dépouilles pas de ta vieille peau, tu vas mourir et disparaître avec elle. Les pensées et sentiments du passé continuent à dresser leurs vilaines têtes et à s'attaquer à toi et aux autres sans prévenir. Les illusions du passé contrôlent ta capacité à voir les choses clairement, et tu es devenue aveugle à l'immensité des occasions de guérir que je t'offre, occasions de te dépouiller de ce qui n'est plus utile à ton but supérieur et d'amener une métamorphose porteuse de changements et nouveaux commencements. Dans cet espace de transition, tu deviens bien plus capable d'utiliser ma sagesse pour déchiffrer quand c'est le bon moment pour frapper. Fais attention aux morsures en réaction quand tu t'émancipes de l'ancien. Mon antidote va neutraliser à la fois tes pensées toxiques et les complications, en clarifiant la voie pour que tu puisses prendre le chemin de moindre résistance dans la nouvelle vie qui t'attend.

PRÉDICTION DU FAMILIER

Attends-toi à des changements spectaculaires dans ta vie. L'énergie fondamentale de ta force de vie est en train de s'éveiller. Des occasions de guérison te sont présentées. Reste enracinée et proche de la terre. La guidance spirituelle s'approche de toi pour t'aider dans cette période de transition.

CONSEILS AUX SORCIÈRES

Rêver de serpents qui te mordent signifie que d'autres sont en train de t'attaquer par leurs paroles ou actions venimeuses. Lance un sortilège des yeux de serpent. Agite un hochet crécelle, semblable au serpent à sonnette, pour avoir sa protection ou sers-t'en comme amulette ou talisman. Le bâton d'Asclépios (caducée) est connu pour être l'emblème du soin et de la médecine.

SOURIS
AVANTAGE

Piaille et pousse des cris, il n'y a aucun doute :
un coup de chance survient.
Tente ta chance, aujourd'hui est le jour pour ça,
il t'est favorable sur tous les plans.
Je fais appel à la Souris pour m'aider
et utiliser pleinement ce pouvoir – qu'il en soit ainsi !

MESSAGE DU FAMILIER

Oh la la, toutes les choses que je peux faire pour toi ! Aussi petite et tranquille que je sois, je t'offre à présent les occasions les plus avantageuses pour découvrir ce qui se dit et ce qui se fait derrière les portes closes et ce que taisent les voix. Quand je furète dans un endroit, sur le plancher, les étagères et tables – il y a un nombre incroyable de choses que je peux entendre, voir et te révéler. Le pire qui puisse m'arriver à moi ou mes amies est un balai qui me chasse par-derrière (ça fait longtemps qu'on a laissé tomber le piège à fromage !). Aussi, viens me donner maintenant tes instructions : où faut-il que j'aille ? Qui as-tu besoin que je surveille et que veux-tu savoir ? Utilise mes pouvoirs à présent, et je vais t'aider à aller au bon endroit au bon moment et poser ton oreille contre le sol afin d'entendre ce que tu as besoin de savoir. Sois prudente cependant : veille à te servir correctement de l'information obtenue, sinon c'est ta tête que l'on va mettre sur le billot – pas la mienne !

PRÉDICTION DU FAMILIER

Tes paroles et actions sont observées de près. Une promotion est probable. Vérifie bien tout : que tout soit tout à fait bien a vraiment de l'importance actuellement. Ne fais rien en secret, car viendra un moment où ces choses aussi seront mises en lumière, et cela sera à ton désavantage.

Familier parmi les grands favoris de transmutation. Si tu te retrouves envahie de souris, cherche une façon humaine de les faire partir, et regarde où tu manques de soin pour ton intérieur : entretien, hygiène, ou stockage convenable. Utilise leur présence comme un déclencheur qui t'invite à mettre de l'ordre dans ta maison.

TAUPE

SUPERSTITION

Non-sens sans fondement : cela montre l'ignorance.
De fausses conceptions font que tu ne t'engages pas.
Prends garde à une attitude d'esprit irrationnelle :
elle te mène à un mélange de vérités et faussetés.
Je fais appel à la Taupe pour m'aider
et utiliser pleinement ce pouvoir – qu'il en soit ainsi !

MESSAGE DU FAMILIER

S'il te plaît, ne crois pas tout ce que tu vois ou entends, surtout si cela ne t'arrive pas directement. Les ragots et les langues fourchues sont rarement porteurs de beaucoup de vérités ou de gentillesse. Tu dois chercher ce qui est vrai pour toi et creuser un peu pour le savoir. Dans la vie, beaucoup de choses te sont transmises, comme les gènes, les traits et les croyances – et le plus destructeur, c'est une croyance qui ne t'appartient pas ! C'est particulièrement vrai pour les religions et les races. Au cours des âges, tous ceux qui ont prétendu pratiquer la sorcellerie n'ont pas été si sages que ça non plus. Pendant de nombreuses années, j'ai été littéralement arrachée de terre et dépecée du fait de la croyance que mon sang et mon corps pouvaient soigner, protéger et purifier. Aujourd'hui encore, des animaux souffrent sans nécessité à cause d'angoisses superstitieuses concernant la santé. Si quelque chose semble étrange à ton cœur, n'oublie pas de poser attentivement des questions à chaque fois pour savoir le quoi, le où et le pourquoi. Les réponses correctes attendent de se faire connaître à toi.

PRÉDICTION DU FAMILIER

Défends ce que tu crois vraiment. Recherche les faits pour appuyer ta réclamation. Ne sois pas trop rapide à juger : il y a plus de choses chez une personne que ce que l'on en voit. Apprends davantage sur ta foi, quelle qu'elle soit, et sur les convictions des autres. Recherche ce que tu as en commun avec d'autres plutôt que ce qui vous divise.

On considérait que le sang de taupe soignait l'épilepsie, et des pattes de taupe qu'on avait amputées étaient utilisées pour alléger les rhumatismes. Si tu dois enlever des taupes de ton jardin, fais-le avec humanité et en réfléchissant où tu vas les mettre, car elles font un magnifique travail sous terre.

TRITON

URGENCE

Pourquoi cette précipitation ? Vers où se hâter ?
Bouge vite, sinon commence à t'inquiéter.
Le futur t'appelle en t'extirpant du passé,
arrête de différer les choses, vas-y vite.
Je fais appel au Triton pour m'aider
et utiliser pleinement ce pouvoir – qu'il en soit ainsi !

MESSAGE DU FAMILIER

Qu'est-ce que tu attends ? Le temps file ; tu dois attiser ta flamme intérieure et te mettre à bouger ! Sur quoi que ce soit que tu aies pu hésiter – à attendre le bon moment, le bon alignement des étoiles, etc. –, c'est en train de te passer sous le nez. Alors, arrête tout ce que tu es en train de faire d'autre et mets-toi à cette tâche réellement importante qui se présente. Tu peux ne pas avoir d'autre occasion de dire à quelqu'un qu'il compte vraiment pour toi ou que tu souhaites qu'il reste. L'offre de voyager ne va pas attendre, ni la validité de ton passeport. Ta place dans un cours qui te correspond va être donnée à quelqu'un d'autre si tu n'agis pas tout de suite. Te contenter de dire que tu as l'intention de faire ou de dire quelque chose n'a plus aucune valeur. Fais appel à moi pour que les choses bougent rapidement ; il n'est rien que je ne peux gravir, pas de coin ni de recoin que je ne puisse atteindre pour m'assurer que tu as toute la connaissance, l'énergie et la confiance en toi dont tu as besoin pour que les choses se fassent, et qu'elles se fassent vite.

PRÉDICTION DU FAMILIER

Tu es poussée à apprendre davantage sur l'Art avant de le pratiquer ; il y a des choses à côté desquelles tu es passée. Ne laisse pas une situation mauvaise empirer. Cherche à dépolluer l'ambiance à présent. Clarifie tes dettes, si tu le peux : l'argent n'est pas à toi pour que tu en fasses un jeu.

CONSEILS AUX SORCIÈRES

Il vaut mieux travailler avec des images de tritons que d'essayer de toucher à leur poison. Tout comme les crapauds, pour se protéger des prédateurs, les tritons produisent des sécrétions vénéneuses par leur peau, certaines étant si toxiques que l'on en a vu certains sortir indemnes de la gueule de leurs victimes mortes. S'exposer ou en exposer d'autres à une situation toxique va demander d'avoir de l'aide en urgence.

À PROPOS DES AUTEURES ET DE L'ARTISTE

BARBARA MEIKLEJOHN-FREE a été initiée à la sorcellerie écossaise, « l'art du sage/de la sage », à l'âge de 16 ans par le Voyant des Highlands d'alors, Swein Macdonald. Considérée comme la « femme de sagesse » la mieux appréciée du Royaume-Uni pour son intense travail, elle est sorcière par hérédité, éclectique et solitaire, et une grande prêtresse d'Isis.

FLAVIA KATE PETERS est sorcière par hérédité : l'art de la magie lui a été transmis par sa grand-mère. Elle unit les Anciennes Voies et le chemin de la sorcellerie féerique. Grande prêtresse de Morrigan, elle est aussi une auteure connue, animatrice d'ateliers, médium, et gardienne de la magie des éléments.

KATE OSBORNE fut éditrice du magazine *Kindred Spirit* puis fonda Solarus pour travailler avec des personnes intéressées à toutes formes d'ésotérisme. Après avoir mis en place sa structure éditoriale, elle s'est tournée à la fois vers le contenu et les illustrations de cet oracle.

REMERCIEMENTS

Barbara adresse ses remerciements et ses bénédictions à tous les animaux qu'elle a rencontrés dans son existence et qui lui ont partagé leur sagesse. Depuis son premier familier, le Corbeau, avec qui elle a grandi alors qu'elle s'occupait de petits corbeaux, jusqu'aux chevaux, chiens, chats, souris et même la Mouche qui l'a accompagnée dans son enfance. Hommage spécial au guépard, aux éléphants, aux animaux à quatre pattes et ceux à ailes qui l'ont aidée à cheminer dans sa vie.

Flavia remercie de tout cœur et bénit tous les animaux à fourrure qui ont fait et font partie de sa vie, en particulier les chats noirs et les grands chiens. Elle a le plus grand respect et une passion pour les serpents et les reptiles à cause de leur origine très ancienne. Gratitude à tous les animaux marins qu'elle a rencontrés, y compris des baisers aux poissons-balistes et aux méduses ! Son amour pour ses amis à plumes lui vient de son enfance, quand elle s'occupait de petits freux, ses premiers familiers !

De la part de Kate, un signe particulier de gratitude va aux chats noirs, aux chevaux, et aux petits animaux à fourrure qui ont toujours fait partie de sa vie ; leurs leçons, force, courage et affection ne sont pas passés inaperçus et ont rendu plus riche son enfance. Elle est ravie de voir que cette connexion fonctionne aussi avec ses enfants et leurs animaux.

Et des remerciements tout spéciaux à toutes les personnes talentueuses dont les contributions aux sites d'illustrations de Shutterstock et Pixabay ont aidé Kate à rendre vivants ces formidables familiers.

RENARD

RUSÉ

ARAIGNÉE

TROMPERIE

BLAIREAU

PERSÉCUTION

HÉRISSON

DÉGUISEMENT

LÉZARD

SURVIE

CHAUVE-SOURIS

ORIENTATION

CHÈVRE
PUISSANCE

FURET
OBSERVATEUR

ELFE

ESPIÈGLERIE

PIE

ADDICTION

PHOQUE

VULNÉRABILITÉ

PAPILLON DE NUIT
AVERTISSEMENT

CHOUETTE

SAGESSE

CHEVAL
TRANSCENDANCE

PAPILLON

FRAGILITÉ

COLÉOPTÈRE

TÉNACITÉ

DRAGON

ÉMERGENCE

NYMPHE
PROMISCUITÉ

NAIN

INGÉNIEUX

RAT
ADAPTABILITÉ

ROITELET

ÉVEIL

SANGLIER

FÉROCITÉ

SERPENT

RENAISSANCE

SOURIS

AVANTAGE

TAUPE
SUPERSTITION

CHIEN NOIR

PRESSENTIMENT

FÉE
GLAMOUR

FOURMI

COOPÉRATION

CERF

PRÉMONITION

CHAT NOIR

INDÉPENDANCE

GNOME
GARDIEN

GRENOUILLE

BONNE FORTUNE

GOBELIN
MALICE

GUÊPE
VENGEANCE

LIÈVRE

TRANSFORMATION

LOUP

COMMUNICATION

LOUTRE
DEXTÉRITÉ

LUTIN

PROTECTION

TRITON
URGENCE

MOUCHE

MALADIE

MERLE

PRÉSAGES

CYGNE

FIDÉLITÉ

ABEILLE

COMMUNAUTÉ

CRAPAUD

BONNE FORTUNE

CRABE

RETRAIT

CORBEAU

DÉTERMINATION

CORNEILLE
SOUVERAINETÉ

ÉCUREUIL ROUX

CONSCIENCIEUX